KB202939

창조 신앙, 어떻게 볼 것인가

연세신학문고 12

창조 신앙, 어떻게 볼 것인가
― 한국 개신교 창조신학의 정립을 위하여

2024년 8월 19일 처음 펴냄

지은이   김은규 박영식 이상목 천사무엘 허호익
엮은이   김찬국기념사업회
펴낸이   김영호
펴낸곳   도서출판 동연
등 록   제1-1383호(1992년 6월 12일)
주 소   (03962) 서울시 마포구 월드컵로 163-3, 2층
전화/팩스   (02) 335-2630 / (02) 335-2640
이메일   yh4321@gmail.com
인스타그램   instagram.com/dongyeon_press

ISBN 978-89-6447-018-3 04200
ISBN 978-89-6447-230-9 (연세신학문고)

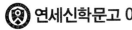
연세신학문고 012

창조 신앙,
어떻게 볼 것인가

한국 개신교 창조신학의
정립을 위하여

김찬국기념사업회 엮음
김은규, 박영식, 이상목, 천사무엘, 허호익 함께 씀

동연

추 천 의 글

이 저작은 구약성서, 신약성서, 조직신학, 유신진화론과의 대화 등을 통해 하나님이 우주의 존재를 '무로부터 창조'(*creatio ex nihilo*)하셨다고 고백하는 기독교 창조 신앙의 신비를 숙고하게 만드는 소개서다. 또한 이 책은 스승이 없는 시대에 한 스승을 추모하는 기억이기도 하다. 특히 김찬국 교수님의 생전 예화 중에서, 해직당하신 후 버스를 타고 혹은 길을 가다 연세대학교 정문 앞을 지나게 되면 애써 고개를 반대로 돌리셨다는 것을 아드님 되시는 김은규 교수님의 글을 통해 보게 되었을 때는 가슴 어딘가에서 묵직한 진동이 왔다. '얼마나 그리우셨던 것일까?'

다행히 본인은 스승이 이미 복직하신 1989학년도에 연세대학교 신학과를 입학했다. 따뜻한 봄날 신입생 시절에 채플을 끝내고 잔디밭에 동무들과 함께 옹기종기 앉아 있었다. 마침 그날 설교를 마치고 나오시는 스승에게 어떤 친구가 장난스럽게 "교수님, 노래 하나 불러주세요!"라고 했다. 적당한 핑계를 대시며 거절하셔도 되었을 텐데 스승은 활짝 웃는 얼굴로 가곡 하나를 근사하게 불러 주셨다. 제목이 〈물레방아〉였던 것으로 기억한다. 구약학 수업을 들었을 때는 스승은 항상 강의 전에 롱펠로우의 〈인생찬가〉(A Psalm of Life)와 시편 23편을 영어로 운율에 맞춰 모두 함께 암송한 후에야 비로소 수업을 시작하셨다. 신학자는 시인의 마음을 또한 지녀야 한다는 것을 몸소 가르쳐 주시려 했던 것일까. 시인과 예언자는 땅을 딛고 초월을 노래한다.

학부생인 우리 사이에는 스승에 대한 한 전설 같은 이야기가 떠돌아다녔다. 군사정권의 탱크가 교정(校庭)을 짓밟을 때 온몸으로 그것을 막으신 분이 바로 우리 교수님이라는 것이다. 어린 마음에 조금 과장된 이야기겠지 속으로 생각했다. 하지만 최근에 그것이 사실이었다는 것을 당시 중앙정보국장 김형욱의 회고록에서 확인할 수 있었다. 1971년 10월은 추악한 욕망의 3선 개헌 후에 박정희 씨가 심각한 위협을 받던 때였다. 김형욱은 당시를 이렇게 기록한다(김형욱·박사월 지음,『김형욱 회고록: 제3부 박정희 왕조의 비화』, 도서출판 아침, 1985, 107-114).

1971년 10월 15일 아침 박정희는 서울시 일원에 위수령을 선포하고 시내 10개 대학에 완전무장한 수도경비사령부 병력과 공수단 병력을 투입시켜 이를 점령하였다. … 비단 서울대와 잔학의 도(度)를 극했던 고려대뿐만이 아니었다. 연세대에는 공수특전단장 준장 정병우의 지휘로 공수단 병력 7백여 명이 27대의 군 트럭을 타고 진입하여 삽시간에 학교를 점령하고 도서관 2층에서 단식농성 중이던 1백여 명의 학생들과 3백여 명의 다른 학생들을 체포하였다. 성균관대학에도, 경희대에도, 서강대에도, 한국신학대학에도, 한국외국어대학에도 군인과 경찰이 들어갔다. 그 과정에서 딱 한 사람의 교수만이 침묵을 깨고 항의를 하였다. 학생이 뭇매를 맞고 연행되는 것을 보다 못한 연세대 신학과 교수 김찬국(金燦國)은 "왜 학생들을 연행하느냐"고 경찰 사이에 뛰어들어 항의하다가 경찰들에게 거세게 떠밀려 쓰러졌다. 그날, 서울시내 각 대학에서 체포 연행된 학생수는 정부 발표만으로도 1천 8백 89명이었다.

이처럼 스승이 1971년 연세대학교 학생회관 앞에서 탱크를 막아서며 탱크 혹은 장갑차, 군인과 소총 같은 "이런 것이 학교에 들어와서는 안 된다"고 외치셨다는 사실을 스승에게서 석사학위논문 지도를 받은 김경호 목사님의 회고를 통해서도 확인할 수 있었다. 스승은 그렇게 예언자-신학자였다.

스승의 이러한 진리에 대한 순정(純情)과 역사에 대한 용기(勇氣)는 기독교 창조 신앙에 기초한 것으로 추측된다. 태초에 모든 것이 '무'(無, nihil)였다. 곧 아무것도 없었다. 그런데도 자신이 무가 아니라 마치 하나님인 것처럼 행동하는 사람이 있다면, 스승의 눈에는 가소로운 우상(偶像)의 겁주기일 뿐이다. 그 우상이 박정희든, 중앙정보부장이든, 교단 총회장이든, 학교 총장이든 그리고 오늘날 완전축자영감설(plenary verbal inspiration)에 기초한 근본주의 창조 신학을 핑계로 이단 사냥에 날뛰는 어리석은 신학적 장사꾼들이든, 하나님의 사람은 그들을 조금도 두려워할 필요가 없다. 스승의 '심허속천'(心虛屬天)의 눈에는 모두 평등하게 '니힐'(nihil), 곧 아무것도 아니기 때문이다. 무(nihil)가 존재(esse)가 되는 과정(processio)이 창조(創造)이다. 거꾸로 존재가 다시 무로 되돌아가는 과정이 종말(終末)이다. 우주는 창조되었고, 끝을 가질 것이다. 우리 인간도 마찬가지다. 그런데도 다만 존재만 하려는 욕망은 그저 죄악의 꼴일 뿐이다. 그렇기에 참으로 무서워해야 하는 분은, 또 참으로 사랑할 수밖에 없는 분은, 우주의 창조와 종말 그리고 그러한 과정을 주재하시는 오직 삼위일체 하나님뿐이다.

바로 이러한 창조 신앙에 스승의 '신학적 낙관주의(樂觀主義)'가 근거한다. 스승은 창조 신앙이라는 초월적 시작점에서 출애굽의 해방과 구원을 바라보았기에, 잠시 역사의 어둠을 염세주의자처럼 혹은 종교적 장사꾼들처럼 과장하시지 않는 쾌활함을 가지셨다. 그것이 바로 본인이 스승의 수업 시간에서 시편 28편의 "The Lord is my shepherd, I shall not be in want"를 긴 곡조와 함께 낭송하며 가르치던 스승 김찬국의 신학적 낙관주의의 마음이다. '현재는 창조된 것이기에 또한 창조적 해방이 가능하다'는 것이 바로 스승의 창조 신앙이다. 소크라테스는 철학이 죽음의 연습이라고 했다. 하지만 신학은 죽음의 연습일 뿐만 아니라, 죽음을 통한 부활의 연습이어야 한다. 여호와가 나의 목자라면, 영혼아 무엇을 더 바라는가? 여호와가 나의 창조자라면, 영혼아 무엇을 더 두려워하느냐? 영원에서, 영원을, 영원토록, 아멘!

2024년 8월

손호현

연세대학교 기독교문화연구소장, 연세대 교수

머 리 말

　지난 김찬국기념사업회 총회(6월 18일)에서 금년 8월 19
일이 선생님의 15주기이므로 추모 행사를 하기로 의논하였
다. 우선 음악회와 함께 선생님의 원로 제자분들의 회고담을
듣는 순서를 넣기로 했다. 그리고 선생님의 논저와 관련 기
록을 모두 모아 '소원(笑園) 김찬국 교수 아카이브'를 네이버
블로그(https://blog.naver.com/chankook1927)로 구축하기로
하였다. 아울러 김찬국 선생님을 기릴 만한 작은 책자를 출
판하기로 했다.

　어떤 책을 출판할까 논의하다가 공교롭게도 김찬국 선생
님의 박사학위 논문 주제가 "제2이사야의 창조신학"이었는
데, 때마침 한국신학계에서 『창조의 신학』이라는 저서에서
유신진화론을 주장하였다는 이유로 서울신대의 박영식 교
수가 징계에 회부 되어 해임되는 사태가 발생하였다. 이에
많은 신학자들이 관련 논문을 발표하고 여러 단체에서 징계
를 반대하는 성명을 발표하기도 하였고, 다수의 언론에서 중
요하게 다루기도 했다.

이러한 상황을 고려하여 김찬국 선생님의 창조신학을 재조명하기 위해 박사학위 논문을 정리하여 소개하고, 아울러 쟁점이 된 관련 주제에 관한 필자들의 글을 모아 이 책을 출판하기로 한 것이다. 이런 방식으로 시의적절한 신학적 주제를 발굴하여 그 주제에 관한 선생님의 고견도 재조명하고, 관련 전문가들의 글을 보아 문고 형식의 작은 책을 기획 출판하는 사업을 지속할 수 있을 것으로 생각된다. 다음 주제는 "민주화 이후의 민주시민론"으로 하자는 제안도 있었다.

촉박한 일정에도 불구하고 귀한 글을 보내주신 필자들과 기꺼이 출판을 맡아주신 김영호 대표에게도 감사를 드린다. 이 작은 책이 김찬국 선생님의 학문을 재조명하여 기리는 계기가 되기를 바라며, 아울러 필자들의 새로운 통찰이 많은 독자에게 선한 영향력을 끼칠 수 있기를 소망한다.

2024. 8.

허호익

김찬국기념사업회 회장

차 례

1장

김찬국의
제2이사야의
창조 신앙과
역사의식 이해

김은규

(전 성공회대학교 교수/구약학)

1. 들어가는 글

먼저 김찬국에 대한 재평가 작업은 별세 10주년 추모 시점인 2019년, 여러 학술지에 열네 명의 구약학자 교수님을 중심으로 한 학술적 작업과 평가들이 있었다. 한 분 한 분의 논문들이 모두 정성껏, 귀하게 연구한 것에 필자는 놀랐고, 감탄과 비평에 머리 숙여 감사할 따름이다. 그리고 이 주제에 대해서도 천사무엘의 구약신학 방법론, 박신배의 역사신학, 유윤종의 '하나님의 의', 오택현의 제2이사야 신학, 장석정의 출애굽 신학 등의 연구에서 잘 다루어져 필자가 새삼 그 위에 덧칠할 것이 별로 없다는 생각이다(네이버 블로그, '소원 김찬국 아카이브'에 이들의 논문이 수록되어 있다).

다만 필자도 30여 년 구약을 가르치고 연구했던 한 제자로서 김찬국이 그 많은 대외활동을 할 때, 그것도 정권의 억압이라는 힘든 고난의 여정들을 감내하면서, 그 내면의 사상은 무엇이었는가를 궁금해했다. 크게 보아 표면적으로는 구약 사상, 기독교 사상, 민중신학이라고 할 수 있겠으나, 그 핵심 요체가 어디서 생성되었고 전개되었는지는 다시금 그의 박사논문을 보면서 그 단초를 얻을 수 있겠다고 생각하였다. 그리고 허호익 회장님의 기고 제안을 받게 되었다.

김찬국은 연세대 석사논문에서 "하나님의 구속적 '의義'"
(1954)를 마치고 도미하여 유니온신학교에서 1년 장학금으
로 석사과정(S.T.M)을 다시 마쳤다(학위 논문은 "the origin of
'chedeq'(justice) in Isaiah 40-55"(1955)인데, 현재 유니온신학교
도서관에 석사논문은 남아 있지 않다). 그때 마일렌버그(J. Muile-
nburg)로부터 팔레스틴 고고학, 제2이사야주석, 사해사본,
성서비평방법론, 양식비평 등을 수학하면서 구약 전반에 대
한 학문적 토대들을 수학했다(천사무엘, "김찬국의 구약신학방
법과 그 변화," 「신학논단」 제96집: 43-70, 57-59). 이후 연세대
박사과정을 하며 제2이사야의 창조 전승을 주제로 논문을
준비했고, 1970년 9월부터 안식년으로 1년간 스코틀랜드
St. Andrew University에 연구교수로 있으면서 William
McKane 교수의 지도를 받아 "제2이사야의 창조전승"을 논
문 주제로 연구하고 상당 부분 완성도를 높이고 귀국했다.

하지만 그때 국내 정세는 이러했다. 박정희 대통령의 삼
선개헌(1969)으로 장기 집권하였으며, 그 플랜으로 72년 10
월에 비상조치로 정당을 해산하고, 대학에 군인과 탱크가 들
어오고, 통일주체국민회의를 구성해 대의원의 간접선거제

로 바꾸었다. 이러한 격변기에서 김찬국은 한가하게(?) 논문을 완성시킬 수가 없었고, 채플에서 독재 장기 집권에 대한 비판 그리고 73년 12월에는 유신헌법과 독재를 반대하는 '백만인서명운동'에 참여하면서 결국 74년 4월 정보부로 연행되고 비상보통군법회의라는 군사재판을 받게 되었다.

면회가 금지된 상태에서 모친은 거의 매일 서대문교도소를 오가며 많은 책을 넣어주셨다. 당시 필자는 중학생이었지만, 집에 있는 많은 책에 교도소 라벨이 붙어있음을 보았고, 거기서 엄청난 독서를 하며 사상을 넓히셨다고 생각했다.

민청학련 학생들은 사형부터 무기징역, 20년 징역이 대부분이었고, 김찬국은 징역 10년에서 5년으로 감형되었지만 10개월여 수형 생활 중 정치적 고려로 모든 민주화 인사와 함께 석방되었다. 이후 해직교수로 무직 생활을 했지만, 늘 집에서는 밝은 얼굴로 지냈다. 하지만 연세대에는 중앙도서관조차도 가기가 심정적으로 힘들어했고, 버스나 길을 가다 연세대 정문 앞을 지나게 되면 애써 고개를 반대로 돌리는 모습도 기억에 남는다. 출옥 후 수년간은 사회 현실적 일들로 무척 바쁘게 보냈다. 형사가 늘 골목길 앞에서 대기하였고, 중요한 행사가 있는 날이면 그 행사가 끝나는 시간까지 집에 있거나 경찰 지프차를 타고 멀리 근교로 드라이브를 갔다 오곤 했다. 가족, 이웃들의 가방도 조사받았고, 도청 때문에 친척들의 안부 전화도 오지 않았다.

그런 상황 때문에 영국에서 귀국 직후 막바지에 있었던 박사논문을 완성하는 것은 5년여 중단되었다가 70년대 후반에 틈틈이 완성시켰다. 79년 10월 박정희 대통령이 시해되고 1980년 2월 복직되기 바로 직전 졸업식에서 박사학위를 받았다. 그리고 3개월 후 또다시 해직되었으니, 구약의 학문적 계속성과 확장성을 가질 시간적 여유를 갖지 못했다.

이 글은 박사논문의 주제인 "제2이사야의 창조 사상"을 보면서 그의 사상의 중심 요체를 재조명해 보고자 한다.

2. 제2이사야의 창조 신앙 전승

김찬국의 박사학위 논문, "제2이사야의 창조전승 연구"(1980)에서 그는 국문 초록과 서론에서 당대 구약의 최고봉이라고 하는 폰 라드(G. von Rad)에 대해서 태클 거는 것으로 시작한다: "폰 라드는 창조 교리를 구원 교리에 예속된 종속된 기능으로만 해석했기 때문에 구원사적 해석의 편견에 빠졌다. 이 논문은 그런 편견에서 탈피하여 구원 신앙과는 관계없이 독자적으로 창조 사상이 제2이사야에게도 전승되어 있음을 밝히겠다"(국문 초록)고 포문을 연다. 또한 서론 연구사에서도 폰 라드는 창조 사상을 역사적으로 찾지 않고 구원교리의 신학 구조에서 찾는 것을 비판하며 시작한다(김찬국, 1980, 1). 그리고 자신의 역사적 관점을 관철시키겠다는 의지를 표명한다.

1) 연구 방법론

그는 세 가지 연구 방향을 제시한다(김찬국, 1-19). 첫째는 폰라드, 베그리히(J. Befrich), 스툴뮐러(C. Stuhlmueller)를 중심으로 한 구원사적 연구, 둘째는 궁켈(H. Gunkel)의 연구에서 고대 근동의 바벨론제국의 창조 신화와 비교하여 영향을 받았는지를 보는 종교사적 연구를 한다. 여기서 가나안의 신들과 비교하면서 이스라엘의 창조 신앙을 고대 중동권으로 확장시켜 비교 연구한다. 셋째는 제의적 전승의 관점으로 본다. 포로기 이전의 시편들을 비교하며 시편이 예배에서 찬양을 맡는 역할을 했다고 볼 때, 포로기 공동체가 비록 나

라는 패망했어도 예배 공동체를 유지하면서 창조 신앙, 출애
굽 신앙을 이어가고, 현재의 포로민 백성에게 공동체 탄식시
를 예배에 넣어 공동체를 위로하고 새 희망을 불어넣었다는
입장을 갖는다. 이스라엘의 성전과 제의에 집중하는 모빙켈
(S. Mowinckel)의 주장을 가지면서, 고대 근동 국가들의 신
화가 비역사적인 것을 비판하고 제2이사야가 예배 공동체의
제의 속에서 창조 전승을 역사화시켰다는 김찬국 자신의 입
장을 지지하는 쪽에서 이론을 전개한다.

하지만 김찬국은 서론 말미에서 이 세 가지 연구 방법도
폰 라드의 구원사적 입장에서 벗어나지 않으려는 경향이 뚜
렷하다고 또다시 지적한다. 그리고 창조 신앙을 구원 신앙에
종속시켜 보려는 구원사적 구조에 너무 치우쳐 있어 여기서
벗어나려는 (그 당시의) 동향들을 제시하고 있다. 논문의 목
적은 제2이사야의 창조 신앙의 독자성을 밝히는 것으로, 세
가지 줄기의 가능성을 발견하고 있다: 1) 고대 근동 세계의
창조 신화권에서 창조관을 찾아 제2이사야가 창조 신화를
신학화했다. 2) 비록 바벨론 포로기라 해도, 예루살렘 성전
예배 의식을 통해 이스라엘 신앙 공동체가 형성되었다. 3) 포
로 기간에 포로민들이 시편을 사용했고, 제2이사야도 포로

기 이전 시편들을 사용해 창조 신앙이 반영되었다. 하지만 김찬국은 이 세 가지 줄기에서도 창조 신앙과 구원 신앙이 섞여 있으니, 제2이사야가 이스라엘의 위기와 구원을 대망하는 상황에서 역사의식을 갖는 새 구원 신학과 결합시키려는 신학적 의도를 밝히는 것이 논문의 목적과 의도라고 말한다.

2) 출애굽 전승과 창조 전승

제2이사야는 옛 출애굽을 회고함으로써 역사적 의미를 찾고 있다(이사 40:3-11 광야; 41:17-20; 42:14-17 야웨가 백성 길 인도; 43:1-7 물과 불 통과; 43:16-21; 44:27; 50:2; 51:9-10; 52:11-12 새 출애굽; 55:12-13). 40-55장 안에서 13개 단위가 새 출애굽으로 시작하고 끝맺고 있고, 여기서 출애굽의 구원 사건을 회고하고 기억하는 것이 명백함을 입증하고 있다. 출애굽은 폰 라드가 말하는 '역사적 신조'(historical credo, 신 26:5-9)와 마찬가지로 제2이사야에게도 살아있는 기억과 구원사적 사건이라고 한다. 여기서 앤더슨(B. W. Anderson)을 인용하여 "인간의 관심은 시간이나 역사에서 벗어나려는 것이 아니고, 과거를 기억하고 현재에서 역사의 극적 사건에 참여하고 희망으로 미래를 대함으로써 역사의 의미를 구체화하고, 신앙 공동체의 일원이 된다"(앤더슨, 25)고 전제하면서 제2이사야가 출애굽을 포로기에 새롭게 재해석한 것도 그 이유임을 밝히고 있다.

출애굽 전승들이 제2이사야의 주요 길목에 깔려있는데, 그 사이에 창조 전승이 중요하게 배치되어 있다(앤더슨, 25). 여섯 개 단위에서 야웨가 최초의 창조자, 우주 창조자임을 각인시키고, 혼돈(지금의 포로기)을 정복하여 창조한다는 것을 강조하고 있다. 김찬국은 폰 라드가 이 구절들이 구약 전반의 구원사적 관심에서 작은 보조 역할에 불과하다고 보는 것을 비판하고, 제2이사야가 전승되어 내려오던 출애굽과 창조 신앙을 포로기 상황에서 재해석하여 야웨의 무한한 능력을 믿는 신뢰를 일으키는 동력과 희망을 불러일으킨 것이라는 입장을 내세운다. 여기서 제2이사야는 창조와 구원이 병치(Juxtaposition)가 습관화되어 있다. 두 수레바퀴가 같이 가는 것으로 해석한다. 하지만 포로기 전에는 각자 바퀴로 보았다면, 포로기 이후 제2이사야에게서는 그 궤를 함께하는 것으로 보았고, 그 바탕에는 새 출애굽과 새 창조 신앙으로 재해석했기 때문이라는 논지를 펼친다.

김찬국은 '구원 신탁'을 예배를 드리는 탄원자에게 전달하는 말씀으로, 하나님이 보호, 돌보심, 건강, 복리, 원수와 싸워 승리하는 것 등을 언급하는 신탁으로 보았다.

3) 바벨론 창조 신화, 가나안종교 창조 신화 비교

제3장에서는 제2이사야가 구약에서 가장 중요한 단어인 '창조하다'라는 뜻의 동사 '바라'(br')를 16회, 진흙으로 도자기를 만들 때 쓰는 '지었다'라는 '야차르트'(ystsart, I formed)를 14회, '아사'('asa) 23회 등 모두 68회 사용하면서 창조를 강조하고 있다고 분석한다. 그는 68회 중 62회에서 제2이사야가 창조적 구속 신학과 함께 야웨를 우주 창조자로서, 역사를 구원으로 이끄는 역사의 주로서 봄을 강조했다. 그에 따르면 우주 창조가 역사 창조의 구원 신앙의 밑바탕이 되어야 한다(김찬국, 39). 그리고 제2이사야가 '바라'가 하나님의 자연 지배에만 해당되는 것이 아니고, 절대적인 창조 행위로까지 확대했다. 김찬국은 시편 89편과 제2이사야 40-55편을 비교하면서 포로기 이전의 '창조' 동사들과 이후의 '창조' 동사를 비교하여 제2이사야가 구원 신학을 말하면서 새 활

력과 역동성을 주었다고 밝힌다. 이것은 제2이사야가 창조 전승에서 옛 전승들을 선택하고 결합하는 데 더 자유롭고 적극적으로 결합했다는 것이다.

제4장에서는 바벨론의 창조 신화와 비교하여 연구한다. 51장 11절은 혼돈의 괴물(물)과 싸워 이기고 창조 질서를 만든 '혼돈과의 싸움'(chaoskampf)이라는 창조관의 주제가 이스라엘의 포로 상황이라는 역사적 혼돈과 탄식 속에서 새 출애굽의 역사를 전망하는 것으로 발전시키고 있다. 모빙켈(S. Mowinckel)이 바벨론의 신년 축제들을 해마다 되풀이하는 것처럼, 이스라엘에서도 초막절, 신년 축제를 지키며 야웨가 물의 혼돈과 싸워 승리하여 왕과 창조자가 된다는 내용을 강조한다(김찬국, 55).

3. 제2이사야의 역사의식의 현실적 조우와 확장

1) 포로기 예언자 제2이사야의 역사의식

결론에서 포로기 무명의 예언자 제2이사야는 동포들에게 위로와 해방과 구원의 메시지를 선포하는 데 있어서 출애굽 구원 사건으로 새 출애굽을 전망하도록 했다. 야웨의 위대한 힘을 보여주는 창조 신앙으로 포로민들을 일깨워 주었다. 그래서 출애굽 전승과 창조 전승이 병합되어 있고 역사화되었다는 것이다. 즉, 창조 신앙을 구원으로 안전하게 가기 위한 '구원사'의 서론, 보완으로만 보는 편견에서 벗어나야 함을 강조한다. 제2이사야는 바벨론제국의 창조 신화와 이스라엘의 창조, 이 두 줄기의 합류하는 흐름을 찾아 나라를 잃고 좌절한 포로민들에게 새 희망을 불어넣었다. 김찬국은 제2이사야를 포로민들의 예배 공동체 일원으로서, 동시에 탄식하는 동족들을 소생시키려는 위로의 예언자로서 제의적 전승을 회고하고 그 중기에서 사고하면서도, 형식적 제의나 예배에서 벗어나서 창조 전승의 원천에서 창조주제를 찾고 독자성을 재발견했다(김찬국, 94). 제2이사야는 이스라엘 신앙이 중대한 도전을 받는 포로기라는 위기에서 창조는 새 출애굽으로, 현재 일어날 역사적 사건이 되었다고 결론 맺는다.

3천여 년 전 고대 이스라엘은 유럽, 아시아, 아프리카가 만나는 꼭짓점에 있었다. 이때 북쪽의 메소포타미아 제국 문명과 남쪽의 이집트 제국이 서로 제국의 확장을 위해 충돌하고, 동쪽으로는 끝없는 사막이 펼쳐지며 서쪽으로는 지중해가 있어 팔레스틴에 거주하는 이스라엘 백성은 옴짝달싹 못하는 '사면초가'(四面楚歌)의 현실에서 생존했다. 바로 그 현실이 우리 민족에게도 똑같이 벌어진다. 한반도를 둘러싼 중국과 일본 그리고 삼면이 바다에 둘러싸여 우리 역시 사면초가의 현실에서 생존해 왔다. 성경은 엄혹한 지정학적 배경에서 나온 역사의식의 산물이다. 특별히 구약은 북이스라엘과 남유다 왕정 기간에 만들어졌지만, 최종 편집 기간은 대부분 바벨론제국에 의해 멸망 당한 기원전 6세기 중반의 포로기였다. 그래서 포로기 신학이 구약에서 매우 중요하게 다루어지며 쟁점도 많은 시기이다.

2) 예언자의 역사의식의 현실적 적용

고대 이스라엘이 비록 약소국가이지만 주변 강대국가들과 마찬가지로 국제정치, 부패한 이스라엘 왕정과 내부 사회, 종교, 왕권, 정의, 사회적 약자의 인권, 계단식 착취 구조, 여성 차별 등의 문제가 있었음이 구약에 그대로 노출되어 있는데, 그 현실이 70, 80년대 독재 권력하에 한국에도 그대로 적용되었다. 김찬국의 『예언과 정치』(1978), 『성서와 역사의식』(1979)은 이를 비판하기 위해 성서적 근거로 쓴 책이다. 엄혹했던 언론과 표현의 자유가 막힌 상황에서 고대 이스라엘 사회 내부를 폭로하는 것은 그나마 자유롭게 표현할 수 있는 유일한 근거들이 되었기에, 김찬국은 어쩌면 바울 서신들보다도 구약과 복음서를 애독했고 인용했다.

민주화운동에 참여하는 동료, 선후배 동지들과 함께 길거리, 농성 현장들을 다니며 학생, 노동자, 가족들의 억울하고 억눌린 마음들을 위로하고 살아가는 용기를 주는 격려를 주고받았다. 이 당시 목회자, 신학자, 학생에게 성경은 거대한 권력으로부터 자신을 지켜주고 불의한 사회를 향해 마음껏 표현할 수 있는 유일한 근거가 되었다.

3) 김찬국의 신학적 사유의 사고 확장성과 유연성

하지만 김찬국의 사상은 성서학자로서 성서에 제한받는다. 조직신학이나 교회사, 기독교윤리 등의 분야는 나름 서양·동양 철학적 기반을 넓히면서 기독교의 가치를 인문학적으로 폭넓게 표현할 수 있다. 그래서 가지 치고 뻗어나갈 근거가 많다. 그러나 성서학자는 텍스트 위주로 주석하고 거기서 나온 가치와 의미들을 찾아야 하니, 고대 사회와 사고 그리고 정경(canon)에 제한받을 수밖에 없는 한계도 있다. 김찬국은 성서고고학, 비교종교학 등을 통해 고대 근동의 주변 국가 간의 정치, 사회, 종교, 문화 등의 교류에 대해서는 소개하는 정도였고, 중세, 근세에서 현대로 이어지는 독일 철학, 영국과 프랑스 철학들과는 거리가 멀었다. 그래서인지 김찬국의 사상은 다양한 서구 철학과 신학적 만남을 갖지는 못했다.

특히 당시 우리나라 현대사를 좌우 이념으로 나누고 옥죄고 있던 소위 '빨갱이', '레드 콤플렉스'(red complex)를 김찬국은 기독교 영향인지 젊을 때부터 스스로 차단한 듯하다. 해방 이후 한국전쟁 때 대학의 여러 지식인이 월북하기도 했지만, 그는 분명한 선을 그었다.

마르크스(Marx)의 좌파 계열 철학자들의 책이 집 서고에는 하나도 없었다. 70, 80년대엔 해직교수로 바깥 활동을 많이 하니, 담당 형사가 집 앞 골목길, 심지어 집으로 출근하다시피 했다. 만에 하나라도 소위 불온서적(?)에 해당하는 좌경 서적이 집에서 발견되면 조직으로 엮이기에 그런 책은 아예 없었다. 지금은 서점에 널려 있어도 찾는 이들이 별로 없으니 격세지감이라고 할 수 있을까?

동양 철학과 한국 철학사, 한국 신학의 맥락을 이기백의 한국 역사, 토인비, 틸리히, 라인홀드 니버, 몰트만 그리고 해방신학자들인 구티에레즈, 보니노, 보프 등, 아시아 신학자인 송천성, 여성신학자인 피오렌자, 트리블 등에 관심을 가지며 자신의 사고의 확장성을 꾀하려 했던 것 같다. 그리고 서남동, 안병무, 김용복, 문익환, 문동환, 변선환, 김경재, 정양모, 함석헌, 김동길, 한완상, 고은, 현영학, 서광선, 민영진, 노정선, 정현경, 김용준, 백낙청, 이영희, 이우정, 이효재 등의 학자들과 현장에서 만나고 어울리고 대화하며 함께 민중신학을 만들어 가며 사고의 확장과 유연성을 키웠다. 또한 현장에서 만난 인명진, 박형규, 조화순, 이해동, 고영근, 김상근, 유경재, 오충일, 김관석, 권호경 등의 목사들과 목요기도회를 이어가며 민중신학과 민중 목회를 연결지었다.

오랫동안 치매를 겪고 돌아가신 후 그의 수업 강의록들을 보니 구약학의 학문에서 성서비평학을 근거로 구약학자들의 구약신학, 구약개론, 이스라엘 역사책들의 견해를 영어로 요약하고 번역하여 빼곡히 적은 노트들이 많았다. 최근

동향의 구약의 학문적 견해들을 소개하는 데 앞서서 가르치려 애쓴 흔적들이 많다.

김찬국이 사고의 확장성, 현장성, 유연성을 가질 수 있었던 데는, 제2이사야서의 '새 창조', '새 출애굽 사상'이 그 중심이 되고 바탕이 된 것은 부인할 수 없다. 또한 연구(이론)와 실천을 일치시키고, 체화하며, 현장에서 반응을 듣고 배우고 해결하는 현장 경험론적 철학(?)을 가졌던 것 같다. 그래서인지 성격은 늘 긍정적이었고, 낙관적으로 문제들을 풀어가려 했다. 물론 예수와 예언자들의 정신과 삶의 실천이 언제나 모본이었지만 굳이 더 좁혀서 들어가면, 제2이사야서가 요체로 있었던 것 같다. 포로기 제2이사야의 위로와 희망, 새 해석, 새 희망을 우리 사회에 조그마한 불씨로 되살리려는 삶을 살아간 듯하다.

4. 나가는 글

오늘의 K-한류가 전 세계로 뻗어나갈 수 있었던 토대는 70~80년대 민주화운동의 결과이며, 모든 시민의 참여가 이루어 낸 결과로 본다. 독재체제를 무너뜨리고 얻은 표현의 자유가 있었기에 다양성과 창의력이 생겼다. 하지만 이 시기에 희생된 피해자들은 지금까지도 많은 고통 속에 살아가고 있다.

제2이사야가 국가를 잃고 실의와 좌절에 빠진 포로민과 남은 자들에게 새 출애굽과 새 창조의 정신을 불어넣으며 용기와 희망을 가지도록 했듯이, 김찬국은 70~80년대 우리 사회에 고난받는 현장 곁에서 민주화운동을 하며 위로와 희망을 전하는 작은 역할을 했다고 본다.

이제 우리 사회는 민주화 시기를 보낸 지 30여 년이 지나면서 보다 성숙해져 가고 있다. 우리 사회는 여전히 남북한 대결로 인해 보수와 진보, 좌우의 양극단적인 대립과 이념이 오랫동안 충돌하고 있다. 우리나라의 경제적 위상은 세계적 수준이 되었다. 서로 간 대화와 타협은 그 해결점을 넓혀주며 중간 지대를 넓히는 계기가 될 것이다. 무조건적인 비난과 비판보다는 상대를 인정하고 존중하는 새롭고 유연한 패러다임이 필요한 시기라고 본다. 동시에 내부의 진정한 비판을 통해 새로운 동력을 찾아야 할 것이다. 민주화운동 세대도 힘들고 고통스러웠던 과거의 경험을 바탕으로 새롭게 사고함으로써 미래로 나아가야 할 것이다.

참고문헌

김찬국 (1980). "제2이사야의 창조전승." 연세대학교대학원 박사논문.

김찬국 (1979). 성서와 역사의식. 서울: 평민사.

김찬국 (1978). 예언과 정치. 서울: 정우사.

천사무엘 (2019). "김찬국의 구약신학방법과 그 변화." 신학논단 제96
　　　집 (2019. 6. 30.)

네이버 블로그, "소원 김찬국 아카이브" https://blog.naver.com/chan-
　　　kook1927.

2장

구약의 창조 신앙

천사무엘

(한남대학교 교수 / 구약학)

1. 들어가는 말

과학기술의 발전으로 인해 세상은 변화를 지속하고 있다. 그 변화는 정치, 경제, 사회, 교육뿐만 아니라 종교에도 영향을 준다. 변화의 속도도 매우 빠른데, 문화와 가치관이 다른 새로운 세대의 출현이 더 빨라지고 있다는 것은 이에 대한 반증이다. 한국의 기독교가 이러한 변화에 대응하기는 쉽지 않다. 그 주된 이유는 두 가지로 제시될 수 있다.

첫째는 한국 기독교가 종교로서 가지고 있는 특성 때문이다. 종교는 오랜 역사와 전통을 가지고 있고, 그 전통은 종교적 교리와 제의에 근거한다. 또한 그 전통과 함께 형성된 가치관과 제도는 신앙과 함께 확립되어 종교 공동체 구성원의 삶으로 자리 잡았다. 따라서 종교의 체계를 갖고 있는 한국 기독교가 새로 출현하는 개념이나 사상, 제도, 가치관 등을 받아들이기는 쉽지 않다. 시대 변화에 대응하기 위해 기독교 안에서 제시되는 개혁 사상이나 제도를 수용하는 데도 적극적이지 않다.

둘째는 한국 기독교가 가지고 있는 신학적 특성 때문이다. 한국 기독교에는 다양한 신학이 소개되고 제시되었지만,

구성원 대부분은 19세기 말 미국 개신교 선교사들이 전해준 근본주의 신학을 따르면서 소위 정통 보수주의 신앙을 표방하고 있다. 그 근본주의 신학은 17세기 개신교 정통주의에 근거하면서 성서 문자주의를 주장하는데, 성서의 문자적 내용을 과학적·역사적 사실로 받아들이려는 경향이 있다. 이에 따라 성서 본문을 새로운 관점에서 해석하거나 새로운 성서 해석에 근거한 신학 사상을 받아들이려 하지 않는다.

한국 기독교의 이러한 특성은 과학기술의 발전으로 인한 변화에 대응하기 어렵게 할 뿐만 아니라 학문과 신앙의 불일치를 초래한다. 즉, 학교에서 가르치는 학문적 내용과 교회에서 가르치는 신앙적 내용이 일치하지 않아 교인들의 사고에 혼란을 일으킨다는 것이다. 이러한 혼란을 회피하기 위해 학교에서는 학문을 따르고 교회에서는 신앙을 따르려는 사람들이 있지만, 이는 학문적으로나 신앙적으로 정직하지 못한 이중적 태도다.

한국 기독교 안에서 일어나는 학문과 신앙의 불일치는 구약성서의 창조 기사를 읽을 때 최고조에 이른다. 그것은 기독교 신앙이 과학의 발전을 이해하지 못하기 때문에 일어나는 현상으로, 근본주의 신학을 따르는 교회 안에서 일어나는 불행한 현실이다. 그리하여 "창조냐, 진화냐"라는 도발적인 질문을 던지면서 기독교인은 진화를 거부하고 창조를 선택해야 한다고 주장한다. 창조와 진화는 학문적으로나 신앙적으로 선택의 문제가 아닌데도 불구하고 이러한 이분법적 질문을 던짐으로 혼란을 초래하는 것이다. 특히 학교에서 배우고 있는 어린 학생들에게 이러한 질문은 심각한 고민에 빠지게 하여 교회를 떠나게 하기도 한다. 그러나 이러한 태도는 16세기 종교개혁자 장 칼뱅(Jean Calvin)의 성서 해석에 정면으로 배치되는 것이다.

칼뱅은 그의 창세기 주석에서 창세기 1장의 창조 기사가 천문학적 사실을 기록한 것이 아니라 무식한 사람들도 이해할 수 있도록 보이는 그대로 표현한 것이라고 주장했다. 이것은 성서의 자연 묘사를 문자 그대로 과학적 사실로 받아들여서는 안 된다는 것을 뜻한다. 미국의 장로교회와 감리교회, 루터교회 등 미국의 주류 교단들도 총회에서 칼뱅의 성서 해석 전통을 따라 창세기의 창조 기사를 과학적 사실로 받아들여서는 안 된다고 결의문을 발표하기도 했다. 그러나 오늘날 한국 기독교회는 이러한 문제에 대해 총회 차원에서 어떠한 지침이나 결정도 내린 바 없다. 이 글에서는 아직도 한국 기독교 안에서 계속되고 있는 구약성서의 창조 기사에 대한 오해를 지적하면서 구약의 창조 신앙을 어떻게 이해해야 하는지를 제시하고자 한다.

2. 성서 문자주의와 창조과학

창조과학은 창세기의 창조 기사가 문자적으로 과학적 사실이며 이를 증명할 수 있다고 주장한다. 이러한 주장은 성서가 하나님의 말씀이기 때문에 역사적·과학적으로 정확하고 오류가 없다는 믿음에 근거한다. 그러나 창조과학을 주장한다고 해서 모두 일치된 견해를 가지고 있는 것은 아니다. 창조과학에는 세 가지 주요 이론이 있는데, 젊은 지구 창조론(Young Earth Creationism), 오랜 지구 창조론(Old Earth Creationism), 지적설계론(Intelligent Design Theory)이다.

창조과학 중 가장 문자주의적인 주장은 '젊은 지구 창조론'이다. 이것은 창세기 1장에 나오는 6일 동안의 창조 기간을 문자 그대로 받아들여 모든 사물이 하나님에 의해 6일 동안 만들어졌다고 주장한다. 또한 구약성서에 나오는 사람들의 나이를 계산하면서 지구의 역사는 6천 년 정도밖에 되지 않았다고 주장한다.

'오랜 지구 창조론'은 젊은 지구 창조론이 제시하는 지구의 나이가 6천 년 정도라는 주장이 지구의 역사를 너무 짧게 여긴다고 비판한다. 오늘날 천체물리학의 견해를 고려할 때 지구의 나이는 6천 년보다 훨씬 오래되었다는 것이다. 그리하여 오랜 지구 창조론은 창세기 1장의 1일, 즉 하루는 한 세대(age)로 이해될 수 있고 연수로 계산했을 때 수백억 년으로 늘어날 수 있다고 주장한다. 이러한 주장은 창세기 1장을 천체물리학의 내용과 일치시키려는 시도이지만, 여전히 성서 문자주의를 유지하려는 시도이다. 즉, 하루를 한 세대로 늘려서 수백억 년으로 계산한다고 해도, 성서 본문에 나오는 창조의 순서나 사물의 형성 과정을 어떻게 천체물리학의 주장과 일치시킬 수 있느냐는 문제를 해결하지 못하고 있다.

젊은 지구 창조론과 오랜 지구 창조론이 지구의 나이에 관심을 집중했다면, '지적설계론'은 사물의 복잡한 체계에 관심을 집중했다. 예를 들어 눈의 세포는 아주 복잡한 체계를 가지고 있어 진화생물학자들이 주장하는 것처럼 단계적으로 등장할 수 없는 체계를 포함하고 있다고 주장한다. 극도로 복잡한 세포 체계는 환원 불가능한 복잡성을 가지고 있어서 점진적인 진화 이론으로 설명할 수 없다는 것이다. 그들은 세포의 복잡성은 정교하게 설계한 '지적설계자', 즉 창조주에 의해서만 가능하고 주장한다. 그러나 그들이 사용하는 "환원 불가능한 복잡성"이란 말이 생물의 역사나 창조의 당위성을 설명하는 데 적절한지의 문제가 있다.

지적설계론은 태초에 있었던 하나님의 창조가 온전하고 완벽하다는 믿음을 전제한다. 이러한 믿음은 18세기 이신론자들의 주장, 특히 뉴턴의 기계적 우주론에 근거한다. 이신론에 의하면, 하나님은 창조 때 모든 질서와 법칙을 창조 세계에 부여한 뒤 창조 세계 밖에 계시면서 우주의 역사에 개입하지 않는다. 스스로 질서 있게 운행되는 세상은 하나님의 개입을 더 이상 필요로 하지 않는다는 것이다. 이것은 오늘도 하나님이 인간의 삶과 역사를 인도하신다고 믿는 기독교 신앙과 배치된다. 세상에는 우연과 필연이 있고 기독교 신앙에서도 우연과 필연 모두를 하나님의 활동 범주로 인식하고 있는데, 지적설계론은 우연을 배제하고 필연만 인정함으로써 하나님의 활동을 제한한다. 또한 세상이 완벽하게 설계되어 창조되었다면 왜 악이나 고통이 존재하는가에 대한 문제에 대해 지적설계론은 과학적으로 대답하지 못하고 있다.

이와 같이 창조과학은 자신들의 기독교 신앙에 근거하여 서로 다른 주장을 펴고 있지만, 공통된 신념을 가지고 있다. (1) 세계는 무로부터 창조되었다. (2) 돌연변이와 자연선택을 통해 진화 과정을 설명하는 것이 불충분하다. (3) 현존하는 종(species)은 고정되어 있으며 한 종이 다른 종으로 진화하는 것은 불가능하다. (4) 원숭이와 인간의 조상은 다르다. (5) 지질학적 형성은 대이변을 통해 설명 가능한데, 예를 들어 산에서 바다 생물의 화석이 발견되는 것은 대홍수를 통해 설명될 수 있다.

창조과학이 가지고 있는 이상 다섯 가지의 신념은 모두 진화론의 비판과 연관되어 있다. 그러나 이들의 진화론 비판은 과학계에서 타당한 것으로 받아들여지지 않는다. 과학계에서는 진화론에 대한 이들의 견해가 현대 진화론에 대한 이해 부족에서 나오는 현상이라고 지적한다. 이것은 이들의 주장이나 신념이 과학계에서 수용할 수 없는 사이비 과학(pseudoscience)이라는 것을 의미한다.

다른 한편 창조과학은 진화론과의 불합리한 논쟁을 교회 안으로 끌고 들어와 혼란을 초래한다는 비판을 받는다. 진화론 비판이라는 과학적 논쟁은 과학 분야에서 행해져야 하는

데, 이를 교회로 가져와 과학 지식이 부족한 교인들에게 일방적으로 주입하여 불필요한 논쟁을 하게 하고, 교회를 싸움터로 만들며, 교인들을 분열시킨다는 것이다. 따라서 미국의 주요 교단은 창조과학을 교회 안에서 인정하지 않으며, 한국 기독교의 목회 현장에서도 지각 있는 목회자들은 이를 거부하고 있다.

3. 두 개의 서로 다른 창조 기사

창세기에는 두 개의 창조 기사가 있는데, 1:1-2:4상과 2:4하-25이다. 현대 구약학에서는 전자를 제사장 문서(Priestly document)로, 후자를 야웨 문서(Jawhistic document)로 분류한다. 이 둘은 하나님의 창조를 묘사하지만, 그 내용은 서로 다르다. 첫째로 창조 이전의 상황이 다르다. 전자(창 1:1-2:4상)에서는 물의 혼돈이지만, 후자(창 2:4하-25)에서는 황무지이다. 전자는 홍수로 인해 물의 위험을 경험한 지역의 사고를 반영하지만, 후자는 물이 귀한 사막 지역의 사고를 반영한다.

둘째로 창조의 순서가 다르다. 전자에서는 7일 동안 창조가 이루어지는데, (1) 빛, (2) 궁창, (3) 땅과 식물, (4) 해와 달과 별, (5) 물고기와 새, (6) 지상의 동물과 사람, (7) 안식일의 순이다. 그러나 후자에서는 (1) 남자, (2) 식물, (3) 동물, (4) 여자의 순서로 창조되며 다른 피조물이나 안식일은 언급하지 않는다.

이 두 개의 창조 기사를 오늘날 현대 과학의 틀 안에서 어떻게 설명할 수 있을까? 서로 다른 내용 중 어느 것이 옳고 어느 것이 틀린다고 주장할 수 있을까? 이러한 문제로 인해 창세기의 창조 기사를 역사적·과학적으로 증명하려는 시도는 잘못되었다. 또한 후자를 무시하고 전자의 내용을 과학적으로 증명하려는 창조과학의 시도도 옳지 않다. 현대인의 사고에서는 두 개의 다른 내용 중 어느 것이 맞는지를 가려내려고 하지만, 성서가 쓰인 고대 사회의 사고에서는 서로 다른 것도 모두 받아들이는 것이 가능했다. 고대인들에게는 과학적인 사실보다 전달하려는 메시지가 중요했기 때문이다.

창조과학에서 중요하게 다루는 홍수 이야기(창세기 6-9장)도 서로 다른 두 개가 얽혀 있다. 현대 구약학에서는 이 두 개의 이야기를 창조 기사처럼 제사장 문서와 야웨 문서로 분류한다. 먼저 방주에 들어간 동물의 수를 야웨 문서는 정결한 것 7쌍, 부정한 것 2쌍이라고 하지만, 제사장 문서는 모든 것 1쌍이라고 한다(6:19-20; 7:15-16). 둘째로 홍수의 총 기간도 야웨 문서에서는 87일이지만(7:12; 8:6, 10), 제사장 문서에서는 1년 11일(7:11; 8:14)이다. 셋째로 방주에 들어간 시기도 전자는 홍수 시작 7일 전이라고 하지만(7:4-5), 후자는 홍수 당일이라고 한다(7:13). 넷째로 비가 내린 모습의 묘사도 다른데, 전자는 밤낮으로 비가 내렸다고 하지만(7:4, 12; 8:2하), 후자는 땅속의 깊은 샘들과 하늘의 홍수 문들이 열렸다고 한다(7:11; 8:2상).

이상과 같이 두 개의 창조 기사나 홍수 기사는 같은 주제에 대해 서로 다른 내용을 제시한다. 신약성서의 네 복음서가 예수 사건을 서로 다른 시각에서 제시하는 것처럼, 구약성서의 창조 기사나 홍수 기사도 그러하다. 따라서 어느 것이 맞느냐는 질문은 적절하지 않다. 또한 이들 중 어느 하나를 택하여 과학적으로 증명하려는 시도도 적절하지 않다.

창세기의 창조 기사는 하나님이 창조주라는 메시지를 나타내지만, 다음과 같은 사고를 반영하고 있다. 첫째로 자연 숭배에 대한 저항을 나타낸다. 자연은 숭배의 대상이 아니라 창조물에 불과하다는 것이다. 고대인들이 숭배하는 동물이나 나무, 산, 바다, 해, 달, 별 등은 신이 아니라 피조물이라는 것이다. 이를 위해 창조 기사는 고대 사회에서 신으로 여겨졌던 해와 달의 명칭을 사용하지 않고 해를 "큰 빛", 달을 "작은 빛"이라고 칭한다. 이들의 명칭은 그 자체로 신의 이름이었기 때문에 은유적인 표현으로 바꾼 것이다.

둘째로 고대 메소포타미아 지역의 창조 신화를 반박한다. 예루살렘이 바빌론에 의해 멸망하고 유대인들이 메소포타미아 지역으로 포로로 잡혀갔을 때 그들은 그 지역의 창조 신화인 에누마 엘리쉬(Enuma Elish)를 접했다. 이에 의하면, 세상의 창조는 신들의 싸움과 투쟁의 결과이고, 인간은 신들의 잔치에 시중을 드는 노예로 창조되었다. 그러나 제사장 문서의 창조 기사(창 1:1-2:4상)는 세상이 하나님의 선한 의도를 반영하여 질서 있게 창조되었고, 인간은 하나님의 형상으로 창조 세계를 관리하기 위해 만들어졌다고 제시함으로써 이러한 사고를 반박한다. 세상은 불안한 곳이 아니라 질서 있고 안정된 곳이며, 인간은 신의 노예가 아니라 신의 복을 받은 자로서 자연을 관리하는 신의 대리자라는 것이다.

셋째로 제사장 문서의 창조 기사의 경우, 안식일의 중요성을 강조한다. 안식일은 창조 때에 제정된 날로서 반드시

지켜져야 하고 유지되어야 한다는 것이다. 사실 성전이 존재하지 않았던 바빌론에서 유대인들이 포로로 살면서 야웨 종교를 유지하는 것은 쉽지 않았다. 세대가 지나면서 메소포타미아 문화에 동화되어 가는 유대인들이 늘어났기 때문이다. 이런 상황에서 유대인의 정체성을 지키기 위해 주기적으로 행동하거나 참여하는 의식이나 의례가 필요했다. 제사장 문서는 창조 기사에 안식일을 일곱째 날로 제시하여 유대 공동체 구성원으로서 반드시 지켜야 하는 날임을 강조했다.

4. "무로부터의 창조"(*creatio ex nihilo*)

창세기 1:2(표준새번역)은 하나님이 첫째 날, 첫 번째 창조물인 빛을 창조하기 이전의 상태를 나타낸다.

땅이 혼돈하고 공허하며, 어둠이 깊음 위에 있고, 하나님의 영은 물 위에 움직이고 계셨다.

이 본문에서 제사장 문서는 창조 이전을 혼돈과 공허와 어둠이라고 한다. 이러한 묘사는 홍수로 인해 세상이 물에

잠긴 상태에서 한 줄기 빛도 없는 어두운 밤을 반영한 것으로 여겨진다. 이것은 창조 이전이 "무"(nothingness)가 아니라 "혼돈"(chaos)이라는 것을 나타낸다. 창세기 1:2이 "무로부터의 창조" 교리의 성서적 근거가 아니라는 것이다.

알렉산드리아의 교부 오리겐(185~253년경) 이래, "무로부터의 창조"(*creatio ex nihilo*/creation from nothingness) 교리의 성서적 근거는 마카베오하 7:28로 여겨져 왔다.

> 애야, 내 부탁을 들어다오. 하늘과 땅을 바라보아라. 그리고 그 안에 있는 모든 것을 살펴라. 하나님께서 무엇인가를 가지고 이 모든 것을 만들었다고 생각하지 말아라. 인류가 생겨난 것도 마찬가지다.

마카베오하는 70인역 구약성서에 포함된 책으로 16세기 마틴 루터의 종교개혁 이후 개신교회에서 구약 외경에 속해 있지만, 오리겐 당시에는 기독교회에서 성서의 일부로 여겼었다. 이 본문은 어머니와 일곱 아들의 순교 이야기 중 일부로 여섯 형제가 모두 순교 당한 후 이제 순교 당하기 직전에 있는 막내아들에게 어머니가 말한 내용이다. 하나님이 "비존재로부터"(from non-being/헬라어 ek ouk ovtos) 하늘과 땅의 모든 것을 만들었다는 것이다. 하나님이 존재하는 어떤 물질로 창조하지 않고 "비존재"로 창조했다는 것이다.

오리겐은 본문의 "비존재"를 "무"로 이해했다. 그러나 오늘날 학자들은 이러한 해석이 잘못되었다고 지적한다. 본문에서 "비존재"는 "절대적 무"(absolute non-existence)가 아니라는 것이다. 본문이 기원전 124~63년경에 이집트 알렉산드리아에서 디아스포라 유대인에 의해 쓰인 것을 고려한다면, 본문에는 그리스 철학이 반영되어 있다고 여겨진다. 당시 그리스 철학에는 시간과 공간을 초월한 무의 개념이나 무로부터의 창조 개념이 없었다. 기원후 1세기 알렉산드리아에서 쓰인 필로의 문서나 솔로몬의 지혜서 등 그리스 철학의 영향을 지대하게 받은 문서에도 만물은 "무"로부터가 아니라 "형체가 없는 물질"(formless matter)로부터 창조되었다고 언급한다. 이것은 적어도 기원후 1세기까지 유대교에서 "무로부터의 창조" 개념이 존재하지 않았다는 것을 의미한다.

신약성서에도 "무로부터의 창조" 개념이 나오지 않는다. 이 교리의 신약성서 근거 본문으로 제시되는 로마서 4:17; 베드로후서 3:5; 요 1:1-3; 히브리서 11:3; 골로새서 1:16

등에도 "절대적 무"의 개념은 없다. 그렇다면 기독교는 언제부터 "무로부터의 창조" 교리를 시작했을까?

"무로부터의 창조" 개념은 2세기 기독교 신학자인 타티안(Tatian, 120~180년경)의 글에 처음 등장한 것으로 여겨진다. 순교자 저스틴(Justine)의 제자 타티안(Tatian) 당시에 기독교인들은 로마의 박해로 인해 화형을 당하면서 순교하였다. 그들에게 가장 문제가 되는 것은 화형으로 인해 몸의 형체가 모두 사라지면 부활이 가능하냐는 것이었다. 부활 신앙으로 인해 죽음을 두려워하지 않았지만, 화형으로 인해 아무런 흔적도 없이 사라진 인간이 어떻게 부활할 수 있느냐에 대해서는 의문을 품은 것이다. 이에 대해 타티안은 조물주인 하나님에 의해 모든 것이 온전하게 된 후에 몸의 부활이 있다는 것을 믿는다고 했다. 순교자의 몸이 화형으로 인해 완전히 사라지고 없어지지만, 하나님은 순교자를 부활하게 하실 수 있다는 것이다.

안디옥의 주교 데오필로스(Theophilos of Antioch)는 하나님과 물질(matter)의 본성을 형이상학적으로 설명할 때 "무로부터의 창조" 교리를 발전시켰다. 그는 중기 플라톤주의자(Middle Platonist)들이 주장하는 것처럼 신과 물질이 창조되지 않았다(ungenerated)고 한다면 하나님은 더 이상 창조주가 아니라고 했다. 물질이 영원히 존재한다면 신과 동등한 존재라는 것을 뜻하고 이것은 하나님만이 유일하신 신이라는 것을 부정하기 때문이다. 그는 하나님만이 영원하며 물질은 영원하지 않다고 주장하면서 하나님은 "존재하지 않는 것"(the non-existent/헬라어 ouk ovtcov), 즉 "무"로부터 창조했다고 주장했다. 그는 중기 플라톤주의자들이 창조의 재료로 언급하는 "무형의 물질"(formless matter)도 하나님이 창조했고, 하나님은 이것을 재료로 사용하여 창조 사역을 이루었다고 했다. 이것은 하나님의 창조가 두 단계로 이루어졌다는 것을 의미했다. 첫 번째 단계에서는 창조의 재료인 "무형의 물질"을 창조했고, 두 번째 단계에서는 7일 동안 창조했다는 것이다. 그러나 그는 하나님이 어떻게 세상을 창조했는지에 대해서 구체적으로 언급하지 않았다.

"무로부터의 창조" 교리는 어거스틴(Augustine)에 의해 정교하게 다듬어졌다. 그는 창세기 1:1인 "태초에 하나님이 하늘과 땅을 창조하셨다"에서 "하늘과 땅"이 "원초적인 물질"(primordial matter)이라고 주장했다("De Genesi liber im-perfectus," 4). 그는 이 물질이 솔로몬의 지혜서 11:17에서 언급하는 "무형의 물질"(formless matter)과 동일시 했다.

　무형의 물질로부터 세계를 만들어 내신 주님의 전능하신 손
　이 곰과 사나운 사자들의 무리를 그들에게 보내시는 것은 어
　려운 일이 아니었다.

　당시 솔로몬의 지혜서는 성서의 일부로 여겨졌기 때문
에, 그는 이 해석이 성서적 근거를 갖는다고 여겼다. 어거스
틴의 이러한 주장은 중기 플라톤주의 철학에서 창조의 재료
로 제시되는 "무형의 물질"도 하나님이 창조했다는 것을 의
미했다. 이것은 데오필로스처럼 그도 "두 단계 창조"를 주장
했음을 뜻한다. 그러나 어거스틴은 신플라톤주의자 플로티
누스 철학의 영향을 받은 뒤 두 단계 창조 개념을 포기하고
재료와 피조물을 구분하는 것은 불가능하다고 주장했다
(*Confessions*, 12.29.40). 목소리와 노래를 구분할 수 없는 것
처럼 창조 과정에서 이 둘도 동시에 만들어져 창조가 이루어
졌다는 것이다.
　이상과 같이 "무로부터의 창조" 개념은 성서 본문과 유대
교 문헌에는 나와 있지 않고, 2세기 후반의 기독교 문서에서

순교자들의 부활을 언급할 때 처음 등장한다. 이후 이 교리는 그리스 철학의 창조 개념을 반박하면서 유일신 하나님의 절대성과 전지전능을 강조하기 위해서 발전되었다. "무로부터의 창조" 교리는 우주와 생명체 등의 생성 방법에 대한 자연과학적인 관점보다는 하나님의 절대적 주권에 대한 신학적인 관점에서 시작되고 발전되었다는 것이다.

5. "계속 창조"(*creatio continua*)

기독교회에서는 태초의 창조가 완벽하여 더 이상 하나님의 창조 사역이 없다고 믿었던 적이 있다. 창조는 태초에만 있었고 그 이후에는 없었다는 것이다. 오늘날도 그러한 믿음이 정통 기독교 신앙이라고 주장하는 기독교인들도 있다. 그들 중에는 심지어 하나님의 "계속 창조" 교리가 성서적 근거가 없다고 주장하기도 한다. 하나님의 창조를 세상이 완벽하게 만들어졌다는 과학적 사실로 받아들이기 때문에 일어나는 현상이다. 그러나 구약성서는 하나님의 창조 활동이 태초 이후에도 계속되고 있다고 언급한다. 무한하신 하나님의 창조 사역은 무한히 계속되고 있다는 것이다.

이 모든 피조물이 주님만 바라보며, 때를 따라서 먹이 주시기를 기다립니다. 주님께서 그들에게 먹이를 주시면, 그들은 받아먹고, 주님께서 손을 펴서 먹을 것을 주시면 그들은 만족해합니다. 그러나 주님께서 얼굴을 숨기시면 그들은 떨면서 두려워하고, 주님께서 호흡을 거두어들이시면 그들은 죽어서 본래의 흙으로 돌아갑니다. 주님께서 주님의 영을 불어넣으시면, 그들이 다시 창조됩니다. 주님께서는 땅의 모습을 다시 새롭게 하십니다(시 104:27-30, 표준새번역).

시편 104편은 창조주 하나님이 피조물의 삶에 대해 계속 관여하고 있다고 언급한다. 하나님은 태초의 창조 사역 이후에도 창조 세계에 계속 관심을 가지고 돌보시며 새롭게 하신다는 것이다. 또한 본문은 건기에 사라졌던 풀들이 비가 오는 우기에 땅에서 자라나는 모습을 하나님의 창조로 인한 것이라고 한다. 피조물의 죽음과 태어남을 창조 사역의 결과라고 한 것이다. 인간의 탄생을 하나님의 창조로 여기는 내용은 욥기에도 나온다.

나를 창조하신 바로 그 하나님이 내 종들도 창조하셨다(욥

31:15).

제2이사야는 하나님의 구원 사역도 창조 행위로 여긴다. 유대인들이 바빌론 포로 생활에서 풀려나 해방되어 자유를 얻을 것인데, 이러한 구원은 하나님의 창조 행위라는 것이다.

이것은 이제 내가 창조한 일이다. 옛적에 일어난 것과는 다르다. 지금까지 네가 들어 본 일이 없는 일이다. 내가 전에 이것을 들었더라면 '아, 바로 그 일, 내가 이미 알고 있었다!' 하고 말할 수 있겠지만, 이번 일만은 그렇지 않다(사 48:7).

제3이사야는 바빌론에서 귀환하여 예루살렘에 정착한 유대인들에게 필요한 평화도 하나님의 창조로 인해 주어질 것이라 약속한다. 그들은 예루살렘 거주민들과의 갈등, 공동체 내부의 분열, 기근, 가난, 배고픔 등으로 고통을 당하고 있었는데, 하나님이 이들의 공동체에 평화를 창조하여 준다는 것이다.

이제 내가 말로 평화를 창조한다. 먼 곳에 있는 사람과 가까운 곳에 있는 사람에게 평화, 평화가 있어라. 내가 너를 고쳐 주마. 주님께서 약속하신다(사 57:19).

제3이사야는 폐허가 된 예루살렘을 회복하고 생기를 잃은 예루살렘 주민을 행복한 백성으로 만드는 것도 하나님의 창조 행위라고 묘사한다.

보아라, 내가 새 하늘과 새 땅을 창조할 것이니, 이전 것들은 기억되거나 마음에 떠오르거나 하지 않을 것이다. 그러니 너희는 내가 창조하는 것을 길이길이 기뻐하고 즐거워하여라. 보아라, 내가 예루살렘을 기쁨이 가득 찬 도성으로 창조하고, 그 주민을 행복을 누리는 백성으로 창조하겠다(사 65:17-18).

이와 같이 구약성서는 하나님의 구원 행위를 하나님의 창조 사역으로 여겼다. 이것은 구약성서에서 구원과 창조는 서로 다른 종류로 구분되어야 하는 하나님의 사역이 아니라 동일한 행위에 대한 다른 표현임을 의미한다. 창세기의 창조 기사에서 하나님의 창조가 혼돈으로 인한 무질서를 제압하고 질서를 놓는 것처럼, 이사야서도 생명체의 고통이나 공동체의 갈등과 같은 혼돈의 상황에 질서를 놓아 평화와 행복을 누리게 하는 하나님의 구원 행위를 하나님의 창조 사역으로 여겼다.

6. 창조주의 조력자인 지혜

창세기 1장의 제사장 문서에서 창조물 중 가장 먼저 만들어진 것을 빛이라고 하지만, 창세기 2장의 야웨 문서에서는 남자라고 한다. 그러나 잠언에서는 지혜가 태초의 창조 사역 이전에 만들어졌다고 한다. 지혜가 모든 피조물 중에서 가장 먼저 창조되었다는 것이다.

주님께서 일을 시작하시던 그 태초에, 주님께서 모든 것을 지으시기 전에, 이미 주님께서는 나를 데리고 계셨다. 영원 전, 아득한 그 옛날, 땅도 생기기 전에, 나는 이미 세움을 받았다. 아직 깊은 바다가 생기기도 전에, 물이 가득한 샘이 생기기도 전에, 나는 이미 태어났다. 아직 산의 기초가 생기기 전에, 언덕이 생기기 전에, 나는 이미 태어났다. 주님께서 아직 땅도 들도 만들지 않으시고, 세상의 첫 흙덩이도 만들지 않으신 때이다. 주님께서 하늘을 제자리에 두시며, 깊은 바다 둘레에 경계선을 그으실 때도, 내가 거기에 있었다(잠 8:22-27).

잠언은 가장 먼저 창조된 지혜가 태초의 창조 사역에 참여하여 창조자 하나님을 도왔다고 한다. 지혜는 창조 사역 때에 창조주의 조력자로 참여했다는 것이다. 이것은 피조물인 지혜가 하나님의 창조 사역에 참여했다는 것을 의미한다.

구름을 높이 달아매시고 땅속에서 샘을 세차게 솟구치시며 물이 바닷가를 넘지 못하게 경계를 그으시고 땅의 터전을 잡으실 때, 나는 붙어 다니며 조수 노릇을 했다. 언제나 그의 앞에서 뛰놀며 날마다 그를 기쁘게 해드렸다. 나는 사람들과 같이 있는 것이 즐거워 그가 만드신 땅 위에서 뛰놀았다(잠 8:28-31).

하나님의 창조 사역에 피조물이 참여했다는 표현은 셋째 날의 창조 기사에서도 나온다. 하나님은 식물을 창조하실 때 피조물인 땅에게 식물을 돋아나게 하라고 명령하신다. 하나님이 땅을 식물의 창조 사역에 참여하게 하신 것이다.

하나님이 말씀하시기를 "땅은 푸른 움을 돋아나게 하여라. 씨를 맺는 식물과 씨 있는 열매를 맺는 나무가 그 종류대로 땅 위에서 돋아나게 하여라" 하시니, 그대로 되었다. 땅은 푸른 움을 돋아나게 하고, 씨를 맺는 식물을 그 종류대로 나게 하고, 씨 있는 열매를 맺는 나무를 그 종류대로 돋아나게 하였다. 하나님 보시기에 좋았다(창 1:11-12).

하나님의 창조 사역에 피조물인 지혜나 땅이 참여했다는 것은 하나님의 "계속 창조" 사역에도 피조물이 참여할 수 있다는 것을 의미한다. 인간이나 동·식물 등 피조물도 하나님의 조력자로서 "계속 창조" 사역에 부르심을 받아 쓰임 받을 수 있다는 것이다.

이사야서에서 하나님의 구원 행위가 "계속 창조" 행위로 묘사되는 것은 하나님의 구원은 새로운 질서를 놓는 창조 행위로서 오늘날에도 역사 안에서 계속되고 있다는 것을 의미한다. 역사 안에서 이루어지는 하나님의 구원 사역에는 아브라함, 모세 등 인간이나 다른 피조물이 조력자로서 참여하기도 한다. 이 구원은 "계속 창조" 행위이기 때문에, 이 조력자들은 하나님의 창조 행위의 조수들이라고 할 수 있다. 구원 사역에 참여한 피조물은 "계속 창조" 행위에 참여한 것으로 이해될 수 있다는 것이다. 이런 관점에서 출애굽한 이스라엘 백성에게 시내산에서 모세를 통해 율법을 수여한 것도 새로 형성되는 이스라엘 공동체에서 혼돈과 무질서를 추방하고 질서를 놓기 위한 하나님의 창조 행위로 여길 수 있다. 이것은 구약성서에서 창조와 구원의 개념이 매우 밀접하게 연관되어 있다는 것을 의미한다.

7. 창조의 신학적 의미

구약성서에서 창조는 하나님과 인간, 인간과 인간, 인간과 자연의 관계에 대한 종교적 의미를 제시한다. 하나님은 인간의 창조자로서 예배의 대상이고, 인간과 인간은 평등한 관계에 있으며, 자연은 하나님의 창조물로서 인간이 관리하고 보존해야 하는 삶의 터전이라는 것이다. 첫째로 인간은 창조자 하나님을 예배하고 섬겨야 한다. 예배란 의식이나 의례의 참여뿐만 아니라 창조 질서인 율법의 준수를 포함한다. 둘째로 모든 인간은 평등하게 여겨져야 한다. 남자와 여자, 인종과 민족을 초월하여 인간은 하나님의 창조물로서 동등한 인권을 가지고 있다. 따라서 인간은 하나님의 피조물로서 평등하게 존중받아야 하고 차별받지 말아야 한다. 셋째로 인간은 자연을 동등한 피조물로 여기면서 보전하고 관리해야 한다. 구약성서는 인간을 "하나님의 형상"이라고 하는데, 이는 인간이 창조 세계에서 창조주의 대리자로 피조물의 관리자라는 의미이다. 인간이 자연을 숭배하면 우상숭배가 되어 자연의 지배를 받게 되고, 자연을 인간중심주의적으로 대하여 착취와 탐욕의 대상으로 삼으면 환경문제를 초래하고 삶의 터전을 잃게 된다.

구약성서는 인간이 하나님의 구원 행위에 동참하도록 부르심을 받는다고 한다. 아브라함, 모세, 여호수아, 다윗, 이사야, 예레미야 등 구약의 주요 인물들은 하나님의 부르심을 받아 하나님의 구원 활동에 참여했다. 이것은 그들이 하나님의 구원 사역의 조력자였다는 것을 의미한다. 구약성서는 하나님의 구원 행위를 하나님의 "계속 창조" 활동으로 여기기 때문에 이들을 "계속 창조"의 조력자라고 할 수 있다. 이것은 오늘날 우리도 하나님의 "계속 창조" 사역에 부르심을 받아 조력자로서 행할 수 있다는 것을 의미한다.

이상과 같이 구약성서는 창조 신앙을 통해 하나님의 창

조 세계 안에서 인간이 어떻게 살아야 하는지를 가르친다. 이것은 오늘날 구약성서의 창조를 현대 과학으로 증명하려는 시도가 적절하지 않다는 것을 의미한다. 창조주 하나님의 위대하심은 과학적 증명으로 밝혀질 수 있는 것이 아니라 하나님을 믿는 자들이 창조 질서를 따라 살 때 그들의 착한 행실로 인해 드러나게 된다. 예수님의 가르침처럼 우리의 빛이 사람들 앞에 비치게 되어 그들이 우리의 착한 행실을 보고 위대하신 창조주 하나님께 영광을 돌리게 된다는 것이다 (마 5:16).

참고문헌

천사무엘 (2015). 출애굽기. 서울: 대한기독교서회.

천사무엘 (2014). 신구약 중간 시대의 성서해석. 서울: 대한기독교서회.

천사무엘 (2011). 구약외경의 이해. 서울: 동연.

천사무엘 (2011). 성경과 과학의 대화. 대전: 글누리.

천사무엘 (2009). 지혜전승과 지혜문학. 서울: 동연.

천사무엘 (2001). 창세기. 서울: 대한기독교서회.

테드 피터스·마르티네즈 휼릿 공저 (2015). 하나님과 진화를 동시에 믿을 수 있는가. 천사무엘·김정형 공역. 서울: 동연.

Hubler, James Noel (1995). *Creatio ex Nihilo: Matter, Creation, and the Body in Classical and Christian Philosophy Through Aquinas*. Ph.D. Dessertation in University of Penn.

3장

신약성서의
창조 이해

이상목

(평택대학교 피어선신학전문대학원 부교수 / 신약학)

1. 들어가며

구약 창세기의 창조 이야기는 신약성서 속에 뚜렷한 자취를 남겼다. 신약은 곳곳에서 창조 이야기를 인용한다. 우선 신약은 때로 창조에 관한 구약의 기록을 직접 인용하기도 하고, 때로는 하나님의 창조를 간접적으로 암시하기도 한다. 가령 베드로후서는 만물의 시작을 말하면서 땅은 "물에서 나와 물로 성립된 것"이라고 말한다(벧후 3:5). 이는 창세기 1장 9-10절을 명징하게 연상시킨다. 바울의 아담 기독론은 아담의 창조를 직접 다루지는 않지만, 창세기의 첫 인간인 아담의 창조를 전제로 하여 아담과 예수를 구원론적 관점에서 유비적으로 고찰한다.

신약은 창조 이야기를 단순히 언급하기도 하고, 신학적 담론이나 윤리적 권고를 위한 전제로 삼아 신약 고유의 신학을 전개하기도 한다. 예를 들어 예수는 종말의 환란을 예고하면서 "창세로부터 지금까지" 인간이 경험하지 못한 환란이 될 것이라 말한다(마 24:21). 여기서 예수는 창세기의 천지 창조를 인류 역사의 시작점으로 설정하여 언급한다. 반면 요한복음은 예수를 "태초에 하나님과 함께했던 말씀[로고시"이라고 설명한다(요 1:1). 본문의 "태초에"는 앞의 예와는 달리 예수의 정체에 관한 신학적 통찰을 담는 중요한 용어이다. 지금까지 살펴본 예들은 창세기의 창조 이야기가 초기 교회에서 살아있는 전통으로 역동하였음을 보여준다.

창조 이야기에 관한 신약의 지대한 관심은 유대교 안에서 태동한 예수 운동의 태생적 특징을 반영한 결과이다. 예수와 그의 직계 제자들은 모두 유대교 전통을 지키는 유대인이었다. 그러한 유대 정체성은 직계 제자의 범위를 12명의 남성으로 제한하지 않더라도 동일하다. 신약은 예수가 회당에서 활동하며 안식일을 지켰다고(막 1:21; 6:2 참고), 제자들은 예수가 떠난 후 예루살렘 성전에서 유대교의 정해진 시간에 따라 기도했다고 보도한다(행 3:1 참고). 이러한 신약의 보도를 주목하면, 유대교는 초기 교회의 모태였음을 알 수 있다.

초기 교회는 유대교의 경전인 구약성서를 자기 경전으로 받아들였다. 신약성서는 구약을 인용하고 해석하면서 교회를 위한 신학을 전개한 초기 신자들의 노력을 보여준다. 바울은 하나님의 구원이 예수 그리스도를 통해 이방인들에게도 개방되었음을 설명하면서 아브라함으로부터 시작하여 이삭과 야곱을 거쳐 이어진 구원의 계보를 인용하고 이에 근거해 이방인 수용이 하나님의 주권적 선택임을 설득한다(롬 9장 참고).

초기 교회는 창세기의 창조자 하나님 신학을 수용하여 새롭게 해석하였다. 창세기의 창조 이야기는 야훼를 창조자로 고백하는 유대교 신앙의 근거가 된다. 초기 교회는 유대교의 창조신학을 받아들여 예수의 하나님을 창조자로 고백했다. 하지만 초기 교회는 또한 예수에 관한 독특한 신앙고백을 창조자 하나님 신학과 연결하여 하나님을 예수 그리스도를 보내어 구원의 길을 여신 구원자 하나님으로 이해하였다. 구약의 창조자 하나님은 신약에서 모든 인류를 위한 구원자 하나님으로 새롭게 고백되었다. 유대교의 유산은 초기 교회의 신학적 자양분이 되었다. 신약의 창조 이야기 인용은 유대교의 유산을 바탕으로 교회의 신학을 형성했던 초기 기독교의 흔적을 보여준다.

2. 창조 이야기와 신약의 기독론적 해석

초기 교회의 구원자 하나님에 대한 고백은 예수 그리스도에 관한 경험과 그에 대한 고백을 통해 가능하였다. 갈릴리에서 시작된 하나님 나라 운동은 예루살렘에 이르러 예수의 십자가 처형과 부활로 이어졌다. 예수를 따르던 자들은 그의 죽음과 부활을 경험한 후 예수를 하나님의 구원자, 그리스도로 고백했다. 특히 제자들이 목격한 예수의 부활 현현은 예수를 하나님의 아들로, 나아가 하나님으로 이해하는 신학의 밑거름이 되었다.

예수에 관한 초기 교회의 경험과 고백은 예수의 정체와 구원자의 역할을 설명하려는 노력으로 이어졌다. 신약성서에는 이러한 교회의 기독론적 관심이 중요한 신학적 주제로 자리한다. 예수를 구원자로 이해했던 초기 교회의 신학은 예수를 하나님의 창조와 관련하여 이해하는 신학으로 발전하였다. 초기 교회는 예수를 하나님의 구원뿐만 아니라 창조에 동참하는 존재로 고백하였고, 이는 신약성서 곳곳에서 발견된다.

초기 교회는 구약의 지혜 전통을 계승하여 예수를 창조자로 고백하는 신학을 발전시켰다. 우선 구약과 제2성전기 유대교 전통을 살펴보자. 잠언 8장은 하나님의 지혜에 관한 고대 유대교 신학을 보여주는 대표적인 본문이다. 잠언 8장 22-23절(개역개정)은 하나님의 지혜와 천지 창조에 관해 다음과 같이 기록한다.

여호와께서 그 조화의 시작 곧 태초에 일하시기 전에 나[지혜]를 가지셨으며 만세 전부터, 태초부터, 땅이 생기기 전부터 내가 세움을 받았나니

　　잠언은 천지 창조 이전에 하나님의 지혜가 있었다고 말한다. 하나님의 지혜는 태초 이전에 존재했다. 곧, 지혜는 인간의 시간 개념을 초월한다. 지혜의 시작은 천지 창조 이전의 일이었다. 지혜의 시작은 인간에게 신비로 남는다. 그러한 지혜는 하나님이 지은 것으로 보인다. 잠언은 하나님이 만세 전부터 지혜를 세웠다고 말한다. 지혜에는 그 시작이 있으며, 하나님의 '세움'이 지혜가 출현한 순간이 된다.

　　잠언이 말하는 하나님의 지혜는 의인화되어 등장한다. 지혜는 "길가의 높은 곳과 네거리"에서, "성문 곁과 문 어귀와 여러 출입하는 문에서" 사람들을 불러 권고하는 존재로 그려진다(잠 8:2-4). 지혜는 하나님의 속성이지만, 하나님과 구분되는 존재로 그려진다. 이러한 지혜의 특성은 하나님의 창조에 관한 잠언의 기록에서 더욱 흥미롭게 묘사된다. 하나

님의 지혜는 창조의 순간에 하나님과 함께하며 창조에 참여하였다. 잠언은 다음과 같이 말한다.

> 그[하나님]가 하늘을 지으시며 궁창을 해면에 두르실 때에 내[지혜]가 거기 있었고···
>
> 바다의 한계를 정하여 물이 명령을 거스리지 못하게 하시며 또 땅의 기초를 정하실 때에 내가 그 곁에 있어서 창조자가 되어 날마다 그의 기뻐하신 바가 되었으며···(잠 8:27, 29-30, 개역개정).

잠언이 말하는 하나님의 창조 사역은 창세기 1장의 내용을 연상시킨다. 위의 인용문에서 사용된 궁창, 바다, 물 등의 단어는 창조의 둘째 날과 셋째 날에 있었던 일을 떠올리게 한다. 여기서 주목할 점이 있다. 곧, 잠언이 하나님의 지혜를 "창조자"(אָמוֹן, amon)로 부른다는 점이다. 이 히브리 단어를 새번역은 "창조의 명공"으로, 공동번역개정판은 "조수"로 번역한다. 영문 성경도 이와 유사한 번역이 다수이다. New Revised Standard Version(또는 NRSV)은 "a master worker"로, New American Standard Bible과 English Standard Version은 "a master workman"으로 옮긴다.

Complete Jewish Bible은 "someone he[God] could trust"라고 번역하여 앞선 예들과는 다르다. 창조 시에 하나님이 신뢰할 수 있는 자는 창조와 관련된 역할을 충실히 수행하는 자로 볼 수 있을 것이다. 이러한 점에서 CJB의 번역도 다른 번역들과 대치되지 않는다고 판단한다. 잠언은 하나님의 지혜를 의인화된 존재로 묘사하며 그가 하나님의 창조에 참여했다고 기록한다. 곧, 하나님의 창조는 하나님의 지혜라는 보조 창조자를 통해 이루어졌다.

창조자 지혜에 관한 잠언의 전통은 제2성전기 유대교와 초기 교회로 이어졌다. 우선 제2성전기 유대교 전통을 살펴보자. '솔로몬의 지혜'(또는 지혜서)는 잠언과 같이 하나님의 지혜를 창조의 행위자로 기록한다. 공동번역의 지혜서는 하나님의 지혜를 "모든 것을 움직이는 지혜"라고 말한다(8:5). 지혜는 만물을 움직이는 능동적인 원인이다(cf. "the active cause of all things", NRSV). 지혜서는 나아가 하나님의 지혜를 "만물을 만들어 낸 지혜"라고 부른다(8:6, 공동번역). 지혜는 창조 시에 하나님과 함께했으며(9:9) 모든 것에 스며들고 침투하여 만물 가운데 편만하다(7:24 "she pervades and penetrats all things", NRSV). 공동번역은 "지혜는… 모든 것을 통찰한다"라고 번역하는데, 이는 만물 속에 스며들고 침투하는 지혜가 만물을 꿰뚫어 볼 수 있는 존재임을 드러낸다. 천지 만물의 창조자는 하나님이지만, 하나님의 지혜는 하나님과 구별된 존재로서 창조의 행위자라고 지혜서는 기록한다.

유대교의 지혜 전통은 초기 교회가 예수를 신학적으로 이해하고 설명하는 데 많은 영향을 끼쳤다. 초기 기독교는 예수를, 신성을 가진 존재로 고백하면서 그 신성을 창조자의 신성으로 이해하였다. 이러한 기독론의 대표적인 예로 골로새서를 들 수 있다. 골로새서는 예수에 관해 다음과 같이 전한다.

> 그[예수]는 보이지 아니하는 하나님의 형상이시요 모든 피조물보다 먼저 나신 이시니 만물이 그에게서 창조되되⋯ 그를 위하여 창조되었고 또한 그가 만물보다 먼저 계시고 만물이 그 안에 함께 섰느니라(골 1:15-6, 개역개정).

골로새서는 예수를 신성을 지닌 존재로 이해하면서 그 신성을 창조자의 신성으로 설명한다. 예수는 만물 이전에 있었고 만물을 창조하였다. 골로새서는 예수를 하나님의 지혜라고 말하지는 않으나 골로새서가 제시하는 예수의 특성과 역할은 잠언과 지혜서의 창조자 지혜 전통과 동일하다는 점을 알 수 있다. 곧, 골로새서는 예수의 신성을 하나님의 지혜가 지닌 신성으로 기록한다. 여기서 한 가지 흥미로운 점이 발견되는데, 골로새서가 "만물이 예수를 위하여 창조되었다"고 기록한다는 점이다. 골로새서는 예수가 단순한 창조의 행위자를 넘어서는, 더욱 고양된 존재로 설명하는 듯하다. 골로새서는 하나님의 창조를 기독론적으로 해석하여 예수의 정체와 역할에 관한 이해를 도모한 초기 교회의 신학적 노력을 보여준다.

골로새서가 보여주는 창조자 기독론은 요한복음에서도 핵심적인 신학 주제이다. 요한복음은 다른 신약 복음서들과는 달리 예수의 탄생 이전에 관한 신학적 담론을 발전시켰다. 마가복음서는 예수의 세례로부터 예수의 지상 활동을 기록하고, 마태복음과 누가복음은 예수의 탄생에 관한 기록으로부터 예수에 관한 보도를 시작한다. 반면 요한복음은 탄생 이전의 예수에 관한 기록으로 시작하며 예수의 탄생에 관한 보도는 생략한다. 마리아에게서 태어난 예수의 육적인 기원은 요한복음의 관심이 아니었다. 마지막 신약 복음서의 관심

은 예수의 신적 기원과 지위에 있었다. 요한복음서는 다음과
같이 시작한다.

> 태초에 말씀이 있었다 이 말씀은 하나님과 함께 계셨으니 이 말
> 씀은 곧 하나님이다… 모든 것이 그로 말미암아 나타났으니 나
> 타난 것이 하나도 그가 없이 된 것은 없다(요 1:1, 3. 사역).

요한복음서에 따르면, 예수는 태초부터 하나님과 함께했
던 하나님의 말씀(로고스)이며 하나님의 신성을 공유한 존재
이다. 이 말씀은 하나님의 창조를 위한 행위자였다. 만물은
말씀을 통해 창조되었다. 말씀 없이 존재하게 된 것은 아무
것도 없었다. 요한복음서의 창조자 신학은 잠언으로부터 이
어진 지혜 전통을 계승한다. 고대 유대교 지혜문학이 말하는
하나님의 지혜는 요한복음에서 하나님의 말씀으로 나타난
다. 아마도 예수의 성별이 남성이라는 점이 그를 지혜(소피
아, sophia, 여성명사)가 아닌 말씀(로고스, logos, 남성명사)으
로 이해하도록 하였을 것이다. 지혜와 말씀이라는 용어의 차
이는 예수에 관한 창조자 기독론에 있어 중요하지 않다. 두
용어는 모두 하나님의 속성을 의미하면서 창조의 행위자를

가리킨다.

예수는 하나님의 말씀이 육체가 되어 세상에 온 자다. 요한복음서는 "말씀이 육신이 되어 우리 가운데 거하"신다고 선언한다(요 1:14). 예수는 창세 이전에 하나님과 함께 누렸던 영광을 버리고 인간 가운데 왔다. 그는 "창세 전에 내가 아버지와 함께 가졌던 영화"로써 지금 영화롭게 되기를 아버지께 간구한다(요 17:5). 요한복음은 예수의 십자가를 그가 영화롭게 되는 사건으로, 예수의 부활과 승천은 아버지에게 돌아가는 것으로 이해한다. 구약으로부터 이어진 창조신학은 예수의 기원과 지상 활동 그리고 죽음과 부활을 이해하는 신학적 틀을 요한복음에 제공하였다.

히브리서는 창조자 예수 기독론을 위의 신약 문헌들보다 더욱 직접적으로 표현한다. 히브리서 1장 2절(이하 개역개정)은 하나님의 창조가 그 아들로 말미암았다고 말한다.

> [하나님이]… 이 아들을 만유의 상속자로 세우시고 또 그로 말미암아 모든 세계를 지으셨느니라

위의 인용문은 하나님을 창조의 주체로 밝힌다. 아들을

만물의 상속자로 세운 것도 하나님이며, 그 아들로 말미암아 세계를 창조한 것도 하나님이다. 히브리서가 하나님의 주체 성을 강조한다는 점은 위에서 다룬 골로새서와 요한복음의 창조 기독론과는 사뭇 다르다. 후자의 두 신약 문헌은 하나 님의 창조 행위가 직접적으로 표현되지 않고 은연중에 그러 함이 내포된다. 창조는 예수(골로새서) 또는 하나님의 말씀 (요한복음)으로 말미암은 사건이라고 명시된다. 반면 히브리 서는 하나님의 주체적인 창조 행위를 분명히 한다.

그러나 히브리서 1장 10절은 하나님의 주체적 창조 대신 예수의 창조를 강조한다. 창조에 있어 하나님과 예수의 주체 성은 서로 상충하지 않으며 창조 행위 안에서 조화롭다. 1장 10절을 보자.

> 또 주여 태초에 주께서 땅의 기초를 두셨으며 하늘도 주의 손으
> 로 지으신 바라

위 구절은 히브리서가 시편 102편 25절을 인용한 것이 다. 시편 기자는 땅의 기초도 놓고 하늘도 창조한 자가 '주'라 고 노래한다. 여기서 '주'는 야훼를 의미한다. 하지만 이 시편

구절이 히브리서 1장에 인용되면서 창조의 주체가 야훼에서 예수로 바뀐다. 이를 위해서는 10장 8절과 9절을 주목해야 한다.

> 아들에 관하여는 하나님이여 주의 보좌는 영영하며… 주께서 의를 사랑하시고 불법을 미워하셨으니 그러므로 하나님 곧 주의 하나님이 즐거움의 기름을 주께 부어 주를 동류들보다 뛰어나게 하셨도다…

위 본문은 히브리서가 시편을 인용한 10절에 인접하는 선행 문맥을 형성한다. 여기서 히브리서는 하나님과 "주의 하나님"을 별개의 존재로 설정한다. 보좌의 영영함, 의를 사랑함, 불법을 미워함 등은 바로 "아들"에 관한 것이다. 구약에서 야훼에게 속한 것으로 기록될 법한 내용이 히브리서에서는 '주 아들'에게로 귀속된다. 하나님은 '주 아들'에게 기름을 부어 그의 지위를 고양하였다.

히브리서의 '주 아들' 기독론은 10절로 이어진다. 10절이 말하는 천지를 창조한 주는 하나님이 아니라 바로 그의 아들 예수다. 히브리서는 예수가 하나님의 아들로서 '주'이며 창조자라고 말하여 그의 창조 행위를 구체적으로 명시한다. 이것은 지혜가 창조 시에 하나님과 함께했다고 말하거나(잠언, 지혜서), 말씀으로 말미암아 만물이 나타났다거나(요한복음) 또는 만물이 예수에게서 창조되었다고(골로새서) 말하는 것과는 다르다. 히브리서는 예수의 창조자 신분을 한층 고양한다.

지금까지 살펴본 세 신약 문헌의 예수 이해는 구약과 제2성전기 유대교의 창조신학을 기독론적으로 해석하고 적용한 예를 보여준다. 예수가 누구인지를 설명하려는 초기 교회의 기독론적 관심은 창세기 1장의 창조 기사를 이해하기 위한 신학적 열쇠를 유대교 지혜 전통에서 찾았다. 예수는 창세 이전부터 있었던 하나님의 말씀 또는 하나님의 아들로서 신성을 가진 창조의 행위자로 이해되었다. 이러한 기독론적 창조 이해는 유대교 지혜 전통이 보여주는 창세 이전에 관한 신학적 질문과 창조의 동인과 과정, 그 행위자에 관한 신학을 자양분 삼아 예수의 기원과 역할에 관한 이해를 발전시킨 초기 교회의 신학이다. 여기서 창세기 창조 이야기는 전면에 드러나지 않는다. 가령 창세기 1장이 기록한 창조의 순서, 하루의 시간적 길이 등은 관심의 대상이 아니다. 신약의 기독론은 창세기 1장이 아닌 잠언과 지혜서 등의 유대교 문헌의 창조신학을 숙고하여 새로운 신학을 형성하였다.

3. 창조 이야기와 신약의 윤리적 관심

신약은 윤리적 권고를 위한 원리를 도출하기 위해 창세기의 창조 이야기를 해석하고 적용했던 여러 예를 보여준다. 그러한 예는 예수의 일화에서 많이 발견된다. 신약 복음서들은 예수가 창세기의 천지 창조를 언급하는 장면들을 기록한다. 가령 예수는 가르침을 전하면서 "하나님께서 창조하신 시초부터"(막 13:19), "창세로부터"(마 24:21; 25:34), "창세 이후로"(눅 11:50), "창세 전부터"(요 17:24) 등의 표현을 사용한다. 이러한 어법은 하나님의 창조를 전제하는 예수의 생각을 보여준다. 예수는 자신의 메시지를 하나님의 창조와 관련지어 설득의 힘을 더한다. 그는 메시지의 엄중함을 수사적으로 강조해 독자의 주의를 환기한다.

예수가 창조 이야기를 해석하여 윤리적으로 적용하는 대표적인 예로 이혼에 관한 일화를 들 수 있다. 신약의 첫 두 복음서는 예수와 바리새인들 사이에 있었던 이혼 논쟁을 기록한다(마 19:1-12; 막 10:1-12). 이 두 복음서의 보도는 상이

한 점이 있으나 논쟁의 핵심과 예수의 윤리 권고는 동일하다. 마태복음은 마가복음에는 없는 내용을 10장 10-12절에 추가하였으나 10장 9절까지의 사건과 교훈은 마가복음의 기록과 같다. 사건은 다음과 같다. 예수가 요단강 근처에서 무리를 가르치던 어느 날 일단의 바리새인들이 그를 찾아와 묻는다. "아내를 버리는 것이 옳으니이까." 이 질문을 들은 예수는 바리새인들에 반문한다. "모세는 어떻게 너희에게 명하였느냐." 바리새인들은 모세가 이혼 증서를 써주면 아내 버리기를 허락했다고 답한다. 이는 신명기 24장 1절과 3절을 인용한 답변이다. 바리새인들은 모세의 권위를 중시하는데, 예수는 모세가 명한 바를 질문하여 그들의 답변을 유도한다. 바리새인들의 답은 충분히 예견된 것이다. 그들의 답을 들은 예수는 모세의 이혼 허락이 사람들의 완악함 때문에 주어졌다고 지적한다. 그리고 예수는 모세의 명령을 능가하는 윤리 원칙을 가르친다. 마가복음 10장 6-9절은 다음과 같이 예수의 가르침을 전한다.

창조 때로부터 사람을 남자와 여자로 지으셨으니 이러므로 사람이 그 부모를 떠나서 그 둘이 한 몸이 될지니라 이러한즉 이제 둘

이 아니요 한 몸이니 그러므로 하나님이 짝지어 주신 것을 사람
이 나누지 못할지니라

위의 인용구에서 예수는 이혼이 하나님의 뜻을 어기는
것이라고 지적하면서 이혼을 금지한다. 예수는 이혼 금지의
이유로 하나님이 아담과 하와에게 준 명령을 든다. 창세기 2
장 24절에서 하나님은 아담의 배필인, 여자를 창조한 후 "남
자가 부모를 떠나 그의 아내와 합하여 둘이 한 몸을 이룰지
로다"라고 명령한다. 예수는 이 명령을 인용하며 사람이 하
나님의 피조물임을 상기시키면서 남편과 아내가 한 몸을 이
룸이 하나님의 명령임을 주지시킨다. 바리새인들은 모세의
권위를 너무 숭앙하는 나머지 하나님의 명령을 망각하였다.
예수는 그러한 문제를 드러내는 동시에 이혼에 관한 최상위
윤리 원칙을 밝힌다.
예수는 한 몸을 이루라는 하나님의 명령을 어길 때 발생
하는 문제를 짚어서 바리새인들을 설득하려 한다. 곧, 예수
는 바리새인들에게 이혼이 간음의 문제와 연결될 수 있음을
설명하여 그들이 이혼 금지의 엄중함을 이해할 수 있도록 한
다. 남편이나 아내가 배우자를 버리고 다른 사람에게 장가

또는 시집가면 그것은 간음하는 것이다(막 10:11-12; 마 19:9 참고). 예수는 이혼에 관한 논쟁을 통해 창세기의 인류 창조 이야기를 윤리적으로 해석하여 이혼에 관한 윤리 원칙과 실천적 교훈을 끌어낸다.

하나님의 창조는 안식일에 관한 논쟁에서도 중요한 신학적 기초를 제공하는 주제로 등장한다. 이 일화는 마가복음 2장 23-24절과 누가복음 6장 1-5절에 병행하여 등장한다. 양 본문이 여러 차이점을 보이지만, 중요한 차이는 마가복음의 예수는 안식일이 사람을 위하여 있다고 천명하는 반면, 누가복음에는 이 내용이 없다는 것이다. 두 복음서는 동일한 안식일 논쟁을 기록하면서도 예수의 메시지를 상이하게 전한다. 여기서는 마가복음이 전하는 논쟁 일화를 살펴보자. 어느 안식일에 예수와 제자들이 밀밭 사이를 지나간다. 제자들은 길을 만들기 위해 밀 이삭을 잘랐다. 이때 이를 목격한 바리새인들이 예수에게 제자들이 "어찌하여 안식일에 하지 못할 일을 하나이까"(막 2:24)라고 물으며 그를 힐난한다. 밀밭을 지나며 이삭을 자르는 행동은 안식일에 금지된 것이었기 때문이다. 예수는 그들의 책망에 대응하여 사무엘상 21장 6절을 인용하여 답한다. "다윗이 자기와 함께 한 자들이 먹을 것이 없어 시장할 때에 한 일을 읽지 못하였느냐"(막 2: 25). 예수는 아비아달 제사장 때 다윗이 제사장만 먹을 수 있는 진설병을 먹고 함께한 사람들에게 주었다고 말하여 사무엘상의 내용을 전한다. 예수는 다윗이 율법에 금한 것을 행하고도 정죄 받지 않았음을 들어 안식일 규정에 관한 새로운 이해를 제시할 근거를 마련한다. 다윗의 일화를 말한 후에 예수는 다음과 같이 논쟁을 마무리 짓는다.

[예수께서] 또 이르시되 안식일이 사람을 위하여 있는 것이요 사람이 안식일을 위하여 있는 것이 아니니 이러므로 인자는 안식일에도 주인이니라(막 2:27-28).

예수는 율법 규정이 사람을 전적으로 규제할 수 없다고 일갈한다. 그에 따르면, 안식일 규정은 사람의 필요와 형편을 고려하지 않는 절대적 규정이 아니다. 다윗이 배고픔에 지쳐 제사장 아히멜렉을 찾아갔을 때 다윗과 그의 부하들이 먹을 수 있는 것은 진설병뿐이었다(삼상 21:1-4 참고). 이러한 상황에서 다윗이 진설병을 먹고 함께한 사람들에게 나누어 준 것은 진설병을 범한 것으로 여겨지지 않았다. 예수는 이처럼 제자들이 밀 이삭을 잘라 밀밭 가운데 길을 낸 것은 안식일 범한 것이 아니라고 일갈한다. 그렇다면 안식일 논쟁과 창조 이야기는 무슨 관계인가?

안식일 준수는 십계명에 규정되었지만, 안식의 개념은 창세기의 창조 이야기에서 비롯된다. 하나님은 엿새 동안 천지와 만물을 모두 창조하신 후 일곱째 날에 모든 것을 마치시고 안식하셨다(창 2:1-2). 하나님은 당신이 안식한 일곱째 날을 복되고 거룩하게 하셨는데, 이러한 이유로 안식일은 하나님의 백성이 거룩하게 지켜야 할 날로 후에 규정되었다. 십계명의 안식일 계명은 창세기가 기록한 하나님의 안식을 근거로 제정되었다.

예수는 안식일 규정의 핵심, 곧 안식일의 근본적인 의미에 주목한다. 그는 안식일은 사람을 위해 있는 것이지 사람이 안식일을 위해 있는 것이 아니라고 확언한다. 만약 사람이 안식일을 위해 있다고 생각한다면, 그것은 하나님의 창조와 안식의 의미를 알지 못하기 때문일 것이다. 예수는 하나님의 창조와 안식을, 인간을 위한 것으로 해석하여 안식일 규정이 사람을 옭아맬 수 없다고 선언한다.

누가복음 6장의 안식일 논쟁은 마가복음의 보도와는 다

르게 제자들이 밀 이삭을 자른 이유를 배고픔으로 설정하는 듯하다. 누가복음은 제자들이 밀밭 사이로 가며 "이삭을 잘라 손으로 비비어 먹"었다라고 전한다(눅 6:1). 제자들이 배고픔에 밀 이삭을 잘라 먹었다면, 이것은 진설병을 먹은 다윗의 경우와 긴밀한 유비를 형성한다. 이 경우, 다윗이 진설병을 먹은 행동이 정당화되는 논리가 제자들의 이삭 잘라 먹기에도 바로 적용될 수 있다. 이러한 논리적 정합성은 누가복음이 마가복음의 보도를 더욱 쉽게 이해할 수 있도록 수정한 결과로 볼 수 있다. 누가복음의 병행구와 비교한다면, 마가복음의 보도는 안식일 주제를 매개로 하나님의 창조 이야기를 윤리적으로 해석한다는 점이 확연하다. 마가복음의 예수는 하나님의 창조와 안식을 재조명하여 안식일 준수에 관한 실천적 권고를, 그것도 매우 급진적 권고를 제시한다.

4. 창조 이야기와 바울의 신학

하나님의 창조는 바울의 신학에서도 중요한 주제다. 여기서는 기독론과 구원론의 관점에서 바울의 창조 이해를 살펴본다. 우선, 아담 기독론이라고 널리 알려진 바울의 예수 이해는 예수와 아담을 비유적으로 이해하여 예수로 인한 부활과 생명을 설명한다. 바울의 아담 기독론은 고린도전서와 로마서에 잘 나타나 있다. 고린도전서 15장 21-22절은 다음과 같이 말한다.

> 사람이 한 사람으로 말미암았으니 죽은 자의 부활도 한 사람으로 말미암는도다 아담 안에서 모든 사람이 죽은 것 같이 그리스도 안에서 모든 사람이 삶을 얻으리라

아담의 범죄가 모든 사람에게 영향을 미쳤다는 점은 예수의 구원 사역을 설명하는 바울 신학의 열쇠로 작용한다. 예수 그리스도의 죽음과 부활도 모든 사람에게 영향을 미친다. 이것은 마치 아담의 행동으로 인한 후과가 모든 사람에게 미치는 것과 같다. 바울은 이러한 원인과 결과의 상관성을 들어 아담과 예수를 유비적으로 이해한다. 이러한 바울의 신학적 사고는 고린도전서 15장에서 계속된다. 바울은 이어지는 본문에서 아담을 "첫 아담"으로 예수를 "마지막 아담"으로 설정하여(고전 15:45) 양자의 유비를 통해 자신의 구원론을 설명한다. 여기서 바울은 하나님을 창조자로 이해하면서

창세기의 인간 창조를 전제로 예수에 관한 경험과 이해를 신학적으로 풀어낸다. 물론 바울이 사용한 유비의 논리적 정합성에 이의를 제기할 수도 있을 것이다. 아담의 범죄는 모든 후손에게 무차별적으로 적용되지만, 예수의 죽음과 부활은 믿는 자에게 실제적인 구원의 효과를 가져오기 때문이다. 하지만 유비를 통한 신학은 모든 세부 사항에서 논리적인 정합성을 갖추기 어렵다. 저자인 바울이 말하고자 하는 바를 이해하는 것이 중요하다. 바울은 아담 기독론을 통해 예수가 모든 사람의 구원자임을 천명하면서 신자들이 종말에 부활할 것임을 고린도 교회에 설득하고자 노력한다. 창세기의 아담 창조와 이후 실낙원 이야기는 바울에게 예수와 그의 구원을 이해하는 신학적 관점을 제공한다. 바울은 하나님의 창조를 전제하고 기독론과 구원론을 위한 신학적 기초로 삼는다.

바울은 죽은 자들의 부활을 설명하기 위해 피조 세계에 대한 보편적인 인간의 경험을 말한다. 그는 부활이 없다고 주장하는 사람들에게 부활은 있으며 부활한 몸은 죽기 이전의 육체와는 다르다고 설명하면서 피조물의 다양한 육체와 형체 그리고 영광을 예로 든다.

다 같은 육체가 아니니 하나는 사람의 육체요 하나는 짐승의 육
체요… 하늘에 속한 형체도 있고 땅에 속한 형체도 있으나 하늘
에 속한 것의 영광이 따로 있고 땅에 속한 것의 영광이 따로 있으
니 해의 영광이 다르고 달의 영광이 다르며… 별과 별의 영광이
다르도다 죽은 자의 부활도 그와 같으니 썩을 것으로 심고 썩지
아니할 것으로 다시 살아나며(고전 15:39-42).

하나님이 창조한 만물은 각각의 육체, 형체, 영광을 가진
다. 곧, 만물의 몸은 다양하게 서로 다른 것처럼, 부활 이후의
몸도 이전의 몸과 다르다(고전 15:35-49 참고). 이러한 차이를
이해하지 못하는 사람들이 부활을 부정한다고 바울은 지적
한다. 그들은 부활을 지상의 육체가 다시 살아나는 것으로
보았고 그러한 부활의 가능성을 부정하였다. 바울은 부활한
몸은 더는 흙에 속하지 않으며 "하늘에 속한 이의 형상"을 입
을 것이라 단언하고, 부활은 반드시 있을 것이라 주장한다.
지상에 있는 피조물의 육체와 하늘에 있는 해, 달, 별들이 다
른 것과 같다. 바울은 하나님의 창조를 전제하면서 종말에
있을 부활을 이해하고 설명하기 위해 활용한다.

바울은 피조물의 현재를 탄식과 고통의 상태라고 말한

다. 이는 창세기의 실낙원 이후의 피조 세계를 바라보는 바울의 신학적 시각을 드러낸다. 바울은 "피조물이 다 이제까지 함께 탄식하며 고통을 겪고 있는 것을 우리가 아느니라"고 말하면서 신자들도 "우리 몸의 속량을 기다리느니라"고 설명한다. 이는 하나님의 구원이 완성되지 않은 시대의 현실에 대한 바울의 신학적 진술이다. 바울은 창세기에 기록된 창조와 타락을 하나님의 구원이라는 관점에서 조망하여 현재와 미래를 이해하는 신학을 형성한다. 바울에게 하나님의 구원은 인간만을 위한 것이 아니라 하나님의 피조 세계 전체를 아우르는 것이다.

바울은 하나님의 창조가 과거의 일회적인 사건이 아니라 그의 현재와 미래에 다시 경험할 사건으로 이해한 것으로 보인다. 상술한 대로, "피조물의 해방"(롬 8:21)과 "우리 몸의 속량"(롬 8:23)은 장래에 있을 하나님의 구원을 가리킨다. 이 장래의 사건은 하나님의 새로운 창조로 볼 수 있다. 그것은 피조 세계가 하나님의 안에서 회복되는 사건으로서 바울이 고대하는 구원의 완성이다. 또한 바울은 하나님의 창조를 현재적인 사건으로 이해하기도 한다.

그런즉 누구든지 그리스도 안에 있으며 새로운 피조물이라 이전 것은 지나갔으니 보라 새 것이 되었도다(고후 5:17).

위 인용구에서 바울은 그리스도 안에 있는 자는 새로운 피조물이라고 선언한다. 신자들은 그 믿음으로 아브라함의 후손이 되어 그 유업을 잇는다. 아브라함과 그 후손에게 주어진 언약은 "오직 믿음의 의"로 인한 것이다(롬 4:13). 하나님의 구원은 그의 주권에 따라 주어지며 아브라함의 계보도 모든 후손을 통하지 않고 오직 하나님이 선택한 자를 통해 이어진다(롬 9장 참고). 예수를 그리스도로 고백하는 신자들은 이제 그 믿음으로 아브라함의 후손이 되어 그 언약의 수혜자가 된다. 바울은 그러한 신자들의 상태를 단순히 미래에 있을 것이라 말하지 않는다. 바울에게 그것은 현재에 일어난 일이다. 신자들은 그리스도 안에서 이미 새로운 피조물이다. 그들은 "새것"이 되어 옛것을 벗어버렸다. 바울에게 있어서 하나님의 창조는 창세기의 기록으로만 남은 것이 아니라 신자들이 그리스도 안에서 체험하는 것이며 장래에 피조물의 회복에서 절정에 이를 사건이다. 바울의 관심은 하나님의 창조를 신학적으로 해석하여 신자들의 현재를 이해하고 종말의 현실을 확신하는 것이다. 창세기의 창조 기사는 문자적 해석의 대상이 아닌 창조적인 신학적 사고의 토대요 자양분이었다고 할 수 있다.

5. 신약은 창조 이야기를 문자적으로 이해하는가?

지금까지 살펴본 여러 신약 문헌은 창세기 창조 기사를 토대로 초기 교회의 신학을 발전시켰음을 보여주었다. 신약은 다양한 신학적 주제를 다루면서 창세기의 창조 기사를 직접 또는 간접으로 인용하기도 하고 창조 기사의 내용을 암시하기도 한다. 여기서는 창세기의 내용을, 보다 직접적으로 인용하는 신약 문헌의 예를 통해 초기 교회가 하나님의 창조를 이해하면서 창세기의 세부 사항이나 표현에 얽매이지 않았음을 살펴본다.

베드로후서는 "만물이 처음 창조될 때"(벧후 3:4)를 언급하면서 창세기 1장 창조 기사의 내용을 구체적으로 인용한다. 베드로후서는 다음과 같이 적는다.

이는 하늘이 옛적부터 있는 것과 땅이 물에서 나와 물로 성립된

것도 하나님의 말씀으로 된 것을 일부러 잊으려 함이로다(벧후 3:5).

땅의 생성에 관한 위 인용구의 설명은 창세기 1장 9-10절을 떠올리게 한다. 창세기에 따르면, 천하의 물이 한곳으로 모이면서 뭍이 드러났고, 하나님께서 뭍을 땅이라고 부르고 모인 물은 바다라고 부르셨다. 베드로후서는 그리스도의 강림을 부정하는 자들에게 그것이 확실함을 말하면서 창세기를 인용한다. 하나님의 창조가 확실한 만큼 주의 재림도 그러하다고 설명하는 것이다.

베드로후서의 창세기 창조 기사 인용에서 한 가지 흥미로운 점이 있다. 그것은 베드로후서가 땅의 창조에 뒤이어 "그 때에 세상은 물이 넘침으로 멸망하였"다고 기록하는 점이다(벧후 3:6). 이 구절은 창세기에 기록된 노아의 홍수 이야기를 암시한다. 베드로후서는 창세기의 창조와 홍수 이야기를 전제로 삼아 종말을 기다리는 신자들에게 조급해하지 말라고 권고한다(벧후 3:9-10). 과거에는 물의 심판이 있었으나 미래에는 불의 심판이 있을 것이며 하늘과 땅은 심판과 멸망의 때에 "불사르기 위하여 보존"되는 것이다(벧후 3:7).

종말은 반드시 도래할 것이며 그리스도는 강림할 것이다.

베드로후서는 창세기의 창조와 대홍수 이야기를 과거의 사건으로 전제한다. 이것만 주목하면 베드로후서는 창세기의 기록을 문자 그대로 역사적 사건으로 이해하는 듯하다. 그러한 이해는 창조의 각 날(日)을 24시간의 하루라고 보는 해석으로 이어질 수도 있을 것이다. 하지만 베드로후서는 창세기를 인용한 직후 다음과 같이 적는다.

사랑하는 자들아 주께는 하루가 천 년 같고 천 년이 하루 같다는 이 한 가지를 잊지 말라(벧후 3:8).

위 구절은 베드로후서가 시편 90편 4절을 인용한 것이다. 시편은 하나님의 시간과 인간의 시간이 전혀 다름을 천명하는데, 베드로후서도 이에 동의하여 해당 구절을 옮겨 적는다. 베드로후서는 신자들이 자기 시간 개념이나 시간 계산으로 하나님의 때를 판단하지 말아야 한다고 말한다. 종말의 때는 하나님에게 속한 것이며 인간은 그때를 알 수도 없고 정할 수도 없다. 그렇다면 창세기 1장의 창조가 6일에 걸쳐 진행되었는데 각 날이 인간의 하루와 같다는 해석은 베드로후서의 창조 이해와는 다를 것이다. 애초에 그러한 문자적 해석은 베드로후서의 관심이 아니다.

히브리서는 베드로후서와는 또 다른 면에서 신약의 창세기 창조 이해가 창세기의 문자적 기록에 제한되지 않음을 보여준다. 시편은 "주께서 옛적에 땅의 기초를 놓으셨사오며 하늘도 주의 손으로 지으신 바니이다"라고 노래하는데(시 102:25), 히브리서는 이를 인용하면서 "주여 태초에 주께서 땅의 기초를 두셨으며 하늘도 주의 손으로 지으신 바라"고 진술한다(히 1:10). 여기서 주목할 것은 시편과 히브리서가 모두 "주가 손으로" 하늘을 지었다고 고백한 점이다. 물론 혹자는 '손으로 지었음'은 시편의 표현이고 히브리서는 그것을 단순히 인용했다고 해석할 수도 있을 것이다. 하지만 히브리서가 시편의 고백에 동의하여 그대로 인용했다고 봄이 더욱 타당할 것이다.

"주가 손으로 하늘을 지었다"고 고백하는 시편과 히브리서의 창조 이해는 창세기의 내용과 미묘하게 다른 점을 부각한다. 창세기 1장은 하나님이 말씀으로 만물을 창조했다고 전한다. 인간 창조에 있어서는 "인간이 있으라"와 같은 말씀으로 창조했다고 명시하지 않지만, 다른 피조물의 창조를 주목하면 인간도 하나님의 말씀으로 지어졌다고 보는 것이 합리적이다. 다만 창세기 2장은 하나님이 흙으로 사람을 지었다고 기록하여 하나님의 손을 추정할 수 있게 한다. 하지만 그러한 가능성도 인간의 창조에 국한될 뿐이며, 인간을 제외한 천지 만물의 창조에는 적용되기 어렵다. 시편과 히브리서는 창세기와는 다르게 하늘의 창조를 하나님의 손에 의한 것으로 고백한다. 시편과 성서 문헌은 모두 창세기의 창조 이야기를 문자적으로 이해하지 않았음을 보여준다. 창세기를 읽고 묵상하던 후대들의 신학적 사고는 창세기의 구체적 표현이나 어구에 얽매이지 않았다. 시편과 히브리서는 하나님이 "말씀으로" 천지 만물을 창조했다는 창세기 1장의 문자 기록에 얽매이지 않고 새롭게 이해했던 고대 성서 해석의 좋은 예가 된다.

구약성서의 내용을 기억하고 인용하는 고대인들의 양식은 문자적인 정확성에 초점을 맞추지 않았다. 그들의 기억과 인용은 성서의 참된 의미에 집중하였다. 예수의 일화는 그러한 기억과 인용의 예를 보여준다. 위에서 다룬 이혼에 관한 단락에서 예수는 창세기를 인용하면서 이혼이 불가하다고 가르친다. 마가복음에 따르면, 예수는 "사람이 그 부모를 떠나서 그 둘이 한 몸이 될지니라"라고 말한다. 하지만 예수가 인용한 창세기 구절은 "남자가 부모를 떠나 그의 아내와 합하여 둘이 한 몸을 이룰지로다"(창 2:24)이다. 창세기 본문과 예수의 인용은 대동소이하다고 볼 수 있지만, "사람이 그 부모를 떠남"과 "남자가 부모를 떠남"은 분명한 차이를 보여준다. 이는 기억과 인용에서 흔히 발견되는 변화 및 변형의 예다. 예수는 이혼의 가능성을 묻는 말에 답하면서 "남자"와 "사람"의 차이에 주목하지 않았다. 그는 남자와 여자를 만들어 한 몸이 되게 하신 하나님의 뜻에 집중하였다. 그렇다면 성서의 진의를 전하는 기억과 인용은 자구의 정확성에 집착할 것이 아니다.

6. 나가며

지금까지 살펴본 신약의 여러 문헌은 하나님의 창조를 고백하고 그것을 전제로 새로운 신학을 전개하였다. 이러한 점에서 하나님의 창조는 신약에 흐르는 신학적 기초다. 하지만 한 가지 기억할 것은 위의 신약 본문들은 하나님의 창조를 말하면서 창세기 내용을 그대로 반복하거나 문자적으로 이해하지 않았다는 점이다. 초기 교회는 예수를 이해하고 설명하기 위해, 윤리적 쟁점에 답하기 위해 또는 구원과 부활을 설명하기 위해 하나님의 창조를 창의적으로 해석하고 적용하였다. 신약이 보여주는 창조 이해는 이러한 신학적 창의성을 통해 새로운 세대와 관련을 맺었고 하나님의 창조를 다양한 맥락 속에서 고백하였다. 창세기 특정 본문의 문자적 해석은 그들의 관심이 아니었다. 그것은 하나님의 창조를 고백하고 이해하는 데에 중요하지 않았다.

4장

진화에 직면한
창조신학

박영식

(전 서울신학대학교 교수)

1. 창조와 진화의 관계 설정

19세기 찰스 다윈의 『종의 기원』(1859)이 등장하기 이전에는 "창조냐, 진화냐"라는 물음 자체가 존재하지 않았을 것이다. 어떤 사람은 창조를 만물의 기원으로 자명하게 받아들였을 것이고, 또 다른 사람은 만물이 영원 전부터 지금의 모양 그대로 있었다고 생각했을 것이다. 만물의 기원과 관련해서 "창조냐, 아니냐"라는 물음은 이제 "창조냐, 진화냐" 하는 물음으로 전환되어 마치 창조와 진화가 양자택일의 관점에 있는 것처럼 오해하게 했다.

"저분이 엄마냐 아니면 이모냐"는 질문은 양자택일로 답변할 수 있다. 하지만 "저분이 엄마냐 아니면 키가 크냐"는 물음은 고개를 갸우뚱하게 만들고 무슨 의미로 묻는지를 생각하게 만든다. 양자택일로 답할 질문은 아니다. 우리에겐 좀 더 익숙한 질문이 있다. "사람은 밥으로 사는가? 아니면 말씀으로 사는가?" 둘 다 그렇다고 대답할 수 있고, 다른 한쪽을 부정하지 않으면서 다른 쪽을 강조할 수도 있다. 여기서 밥과 말씀은 단순히 대립되거나 대체될 수 있는 것이 아니다. 창조와 진화는 만물의 '기원'과 연관된 듯하지만, 양자

가 동일한 범주, 동일한 차원에서 '기원'을 묻고 있는 것은 아
니다. 창조와 진화는 단순히 대립되거나 대체될 수 있는, 그
런 양자택일의 관계가 아니다. 이른바 동일한 수준에서 비교
되거나 같은 범주에 놓여 있는 논제가 아니다.

기독교인은 창조를 믿는다. 무로부터의 창조(*creatio ex ni-hilo*)를 믿으며, 삼위일체 하나님께서 보이는 것과 보이지 않
는 만물의 창조주이심을 믿는다. 창조에 대한 신앙고백은 우
리가 잘 알고 있는 사도신경을 비롯하여 니케아-콘스탄티노
플 신경 외에 여타의 고백문에도 명시되어 있다.

사실 조금 더 깊이 들어가면 기독교 신앙에서는 창조가
아니라 창조주 하나님이 중심에 있다. 무슨 말이냐 하면, 기
독교 신앙에서는 창조라는 행위보다는 그 행위의 주체이신
하나님이 중요하다. 따라서 우리는 "창조를 믿습니다"라고
고백하지 않고, "전능하신 아버지, 하늘과 땅의 창조주를 믿
습니다"라고 고백한다.

세상이 영원 전부터 있지 않고 어느 순간에 어떤 방식으
로든 창조되었다는 생각은 기독교 신앙 밖에서도 얼마든지
가능하다. 기독교 신앙은 다수의 신들에 의해 세상이 창조되
었다고 믿지 않는다. 또한 태곳적에 신들의 전쟁이 있었고

그 결과로 세상이 창조되었다고 믿지도 않는다. 기독교 신앙에서 핵심적인 내용은 단순히 세상이 창조되었다는 사실이 아니라 우리가 믿는 그 하나님이 세상의 창조주이심을 고백하는 것이다. 우리가 믿는 하나님은 과거에도, 지금도, 앞으로도 창조의 주님이시다. 그런데 그분은 '아버지'이시다. 아버지라는 단어는 창조주 하나님과 그분의 피조물 사이의 관계를 지시한다. 창조주 하나님이 아버지라면, 피조물은 자녀가 된다. 하나님과 그분이 만드신 우주 만물의 관계는 이처럼 친밀하다.

이처럼 친밀한 창조주와 피조물의 관계에서 진화는 어떤 의미를 지닐까? 기독교 신앙의 전통적인 고백문 어디에도 진화가 언급된 곳이 없다. 물론 창조와 관련해서 진화의 관계가 명확하게 설정된 곳도 없다. 하지만 기독교 신앙이 오랫동안 고백해 온 창조주이신 하나님의 활동과 관련해서 더는 진화의 문제를 그저 지나칠 수 없다. 진화의 개념을 통해 창조 신앙을 부정하고 무너뜨리려는 과학주의 무신론의 공세도 매섭지만, 창조주 하나님을 신앙하는 기독교인도 과학시대의 도전 앞에서 진화가 창조와 어떤 관계에 있는지 묻지 않을 수 없기 때문이다.

그동안 종교와 과학 또는 창조와 진화의 관계를 설정해 온 다양한 방식들이 있다. 대립, 갈등, 분리, 독립, 대화, 공명, 통합, 융합 등의 용어로 창조와 진화의 다양한 관계 설정을 정리할 수도 있다. 여기서는 창조와 진화의 관계를 세 가지로 좁혀 대립과 모순, 수용과 대체, 대화와 포용으로 소개하고 문제점을 함께 생각해 보고자 한다.[*]

2. 대립과 모순

창조와 진화의 관계를 대립과 모순으로 보는 대표적인 단체가 '창조과학회'다. 창조과학회는 자신의 주장을 창조과학(creation science) 또는 창조론(creationism)이라고 부른다. 그런데 여기서 창조과학회의 창조론은 영어로 creationism이며, 전통적으로 생각해 왔던 교리로서의 창조론(doctrine of creation)과는 전혀 다르다. 예를 들어 독일어로 하면 글자 모양도 의미도 전혀 다르다. 창조과학의 입장은 Kreationismus이지만, 교리로서의 창조론은 Schöpfungslehre다. 하지만

---

[*] 아래의 내용은 박영식, 『창조의 신학』(서울: 동연, 2023) 개정증보판을 참조 · 보완했음을 밝힌다.

우리말로는 창조과학의 creationism을 통상적으로 창조론으로 번역해 왔기에 혼동을 일으키고 있다. 이런 혼동 때문에 어떤 이들은 창조과학을 기독교 신학에서 말하는 창조론으로 오해하기도 한다. 또한 창조과학의 지지자들은 의도적으로 창조과학의 입장을 '성경적 창조론'이라고 추켜세우기도 한다. 확연히 구분되어야 할 두 개념의 혼동을 피하고자 창조과학의 입장인 (scientific) creationism을 창조설 또는 창조과학설, 과학적 창조주의 또는 창조주의로 부르고 창조에 대한 교리로서의 창조론과 구분하는 것이 필요하다('창조설'로 번역하자는 제안은 김정형, 2019 참조).

과학사 분야의 전문가인 로널드 넘버스에 따르면(로널드 L. 넘버스, 2016). 1859년 찰스 다윈의『종의 기원』이 출간된 이후 미국 기독교인 과학자 중에는 다윈의 진화론을 수용하는 이들도 있었지만, 진화론의 전파가 미국의 근본주의자들에게 충격으로 다가왔고 소위 반(反)진화론 운동이 전개되었으며, 특히 제1차 세계대전을 기점으로 인간과 사회 전반에 대한 비관적 분위기는 반진화론 운동을 더욱 확산시켰다.

이런 배경에서 안식교 신자였던 조지 맥크리디 프라이스(George McCready Price)는 앨런 화이트의 계시와 지시를 따라 1920년대에 문자적 6일 창조와 성서 문자주의에 입각하여 노아 홍수에 의한 격변설을 주장하기 시작했다. 그는 과학 분야의 정규교육을 받지 못했지만, 지구의 연대가 오래되었다는 가정 아래 전개되어 오던 진화론을 자신의 홍수지질학으로 공격했고 이후 1938년에 제7일안식일예수재림교인들과 함께 홍수지질학회(Deluge Geology Society)를 만들어 노아의 방주를 찾는 운동을 전개하기도 했다.

과학과 종교의 문제에 대해 염려하던 복음주의 과학자들은 1941년에 미국 복음주의 과학자협회(America Scientific Affiliation, ASA)를 설립하여 창조와 진화, 홍수지질학과의 관계를 논의하였고, 서서히 근본주의적인 창조설에서 벗어나 진화를 수용하여 오랜 지구 역사와 점진적 창조를 전개하는 방향으로 폭을 넓혀갔다. 이때 버나드 램이나 칼 헨리 그리고 빌리 그래함도 근본주의자들의 창조설과 거리를 두게 된다. 하지만 이미 홍수지질학회에 회원이었던 헨리 모리스와 존 휘트컴 주니어는 미국 복음주의 과학자협회(ASA) 내부에서 성경과 과학의 일치론을 주장하고 노아의 홍수에 의한 급변설을 주장하는 반진화론 모임을 결성하였다. 이후 이들은 별도로 1963년에 창조연구회(Creation Research Society)

를 조직하였고 이 단체는 다음과 같이 신앙을 고백하였다(넘버스, 540).

1. 하나님 말씀인 성경은 역사적이며 과학적인 진리다.
2. 창조는 한 주간의 사건이며, 생물 변화는 창조된 종류 안에서 일어날 뿐이다.
3. 노아 홍수는 전(全) 지구적인 역사적 사건이다.

창조연구회(Creation Research Society)는 자신들의 주장을 진화론의 대체하는 과학 이론으로 내세우고자 1972년부터 '창조과학'(creation science)이라는 용어를 사용하기 시작했고 「창조-과학 리포트」라는 소식지를 발행하였다. 또한 헨리 모리스는 1974년에 『과학적 창조설』(scientific creation-ism)이라는 소책자를 출간하였다(넘버스, 658-659).

한국창조과학회는 1981년에 창립되었다. 사상적으로는 앞서 소개한 미국의 창조과학 운동으로부터 영향을 받았다. 한국창조과학회는 자신의 홈페이지(https://creation.kr/intro)에 학회의 목적을 이렇게 소개하고 있다. "한국창조과학회는 인간, 생물체, 우주 등에 내재된 질서와 조화가 우연이 아닌 지적설계의 결과라는 것을 과학적인 증거를 통해 주장하고, 이 시대가 만물의 기원에 대한 바른 시각을 갖고 창조주 하나님을 인정하며 경외하도록 하는 데 이바지함을 목적으로 합니다." 창립된 80년대에는 사용되지 않던 지적설계라는 용어가 여기에 사용되었다는 점에 주목할 필요가 있다. 또한 신앙고백문(https://creation.kr/confession)에서 무엇보다도 "진화론과 수십억 년의 진화론적 시간 틀을 받아들이지 않는다"라는 문구가 눈에 띈다. 뒤에서 살펴볼 지적설계론과 분명한 차이점은 진화론에 대한 반대 입장을 명확히 하며, 성경의 6일 창조를 문자적으로 그대로 받아들여 지구의 연대를 매우 짧게 상정한다는 것이다.

따라서 이러한 창조과학의 입장을 오늘날엔 '젊은 지구론'이라고 부르기도 한다. 이들은 지구의 연대를 6천 년에서 1만 년 정도로 생각하며 창조와 진화를 대립적이고 양자택일적인 개념으로 설정한다. 창세기의 6일 창조를 글자 그대로 24시간 6일 동안 있었던 창조로 생각하며, 성경의 창조 본문들을 역사적 보고로 이해한다. 그런데 만약 이처럼 창세기의 첫 번째 창조 기사를 역사적 보고로 이해하면 하나님이 안식하셨던 일곱째 날은 어떻게 이해해야 할까. 왜냐하면 제

7일에는 다른 날들엔 반복되는 "저녁이 되고 아침이 되니"라는 말이 없다. 일관성 있게 문자주의적으로 이해하면 제7일은 끝나지 않았다. 그렇다면 제8일이나 제9일이 있을 수가 없다. 그렇다면 지금도 일곱째 날이라고 해야 할까? 성경 본문을 역사실증적으로, 문자주의적으로 읽어나가면 그렇다는 말이다.

또한 창조과학은 자신의 창조설 또는 노아 홍수 전후의 시나리오가 과학적으로 뒷받침되고 입증된다고 주장하나, 이에 대한 논문을 전문적인 과학 학술지에 게재한 적이 없다. 또한 창조는 초자연적 사건이기 때문에 과학적으로 증명할 수 없다고 하면서, 다른 한편에서는 창조와 과학을 결합하여 창조과학이라는 형용 모순을 만들어 내고 자신의 창조설이 과학인 것처럼 홍보하고 선전하니, 자기모순에 빠진다.

한국창조과학회 "신앙고백문"에서 가장 눈에 띄는 것은 "진화론과 수십억 년의 진화론적 시간 틀을 받아들이지 않는다"라는 문장이다. 이에 따르면, 현대지질학의 지질연대를 거부할 수밖에 없고, 빅뱅으로 명명되는 천체물리학의 표준 이론도 부정한다. 그런데 진화론에 대한 부정이 신앙고백일 수 있는가? 우주의 나이가 140억 년 정도 되었다는 현대 과학의 주장을 부정하는 것이 신앙고백일 수 있는가? 만약 천체물리학과 생물학이 주장하는 우주 진화와 생물 진화가 누구도 부정할 수 없는 사실로서 인정된다면, 이런 신앙고백문은 어떻게 될까? 창조과학회의 신앙고백에는 반과학적이며 이데올로기적 성격이 내재해 있다. 현대 과학 이론을 부정한다고 해서 창조 신앙이 유지되며, 창조 신앙을 유지하기 위해 반드시 과학 이론을 부정해야 할까?

창조과학은 우주와 생명의 진화에 대한 현대적 이론들에 대한 비판과 부정을 넘어 반사이익을 얻고자 하는 것처럼 보인다. 우주와 생명의 진화에 대한 현대 과학의 설명을 비판함으로써 자신들이 짜 놓은 창조설이 옳다고 항변하지만, 설령 현대 과학이 설명하고자 하는 특정 부분에 오류가 있다고 해도 그것이 곧바로 창조과학의 주장이 옳음을 입증하는 것은 아니다. 다른 이론에 대한 공격으로 자기주장의 정체성을 확인하는 전략은 건전하지 못하다. 과학적 주장은 검토와 논의를 통해 오류로 판명될 수도 있다. 관찰되고 축적된 데이터에 대한 해석과 설명의 오류는 새로운 해석과 이를 뒷받침하는 증거를 통해 수정된다. 그렇다고 오늘날 정상과학이 상정하고 있는 빅뱅 이론과 우주 팽창설, 우주의 연대, 생물의 진화 등의 과학 이론이 한꺼번에 모두 부정될 일은 거의 없어 보인다.

또한 창조과학의 우주 창조설과 현대 과학의 우주론은 공유와 논의가 거의 불가능하다. 창조과학이 주장하는 홍수 지질학에 의한 지구 연대 6천 년 설과 현대 과학의 지질연대인 약 46억 년 사이에도 공유되는 부분이 거의 없어 보인다. 창조과학이 정말 전문적인 과학으로서 위상을 갖기 위해서는 현대 과학의 문제점을 지적하고 비판하는 것을 넘어 자신의 홍수지질학이나 창조 시나리오를 공인된 과학 전문 학술지에 발표하고 전문 과학자들로부터 평가받고 인정받아야 할 것이다.

창조-진화 논쟁과 관련해서 미국적 상황을 보면, 미국 복음주의 과학자연맹(ASA)은 1940년대 중반부터 근본주의와 분리되는 길을 걸으면서 조심스럽지만 점차적으로 진화를 수용하는 쪽으로 전향하는 움직임을 보였다(넘버스, 412 이하). 60년대 이후의 상황을 보면, 복음주의자 빌리 그래함이나 버나드 램도 창조-진화의 관계 설정에 대해 창조과학과는 다른 입장을 취했고, 미국 복음주의 과학자연맹에 반대하여 창조연구회(CRS)를 결성하기 위해 모였던 애즈베리대학도 그 길에서 벗어나기 시작했다. 또한 당시 보수적인 웨슬리안 성결 운동 계열의 대학이나 보수적이라 생각되던 오순절 계통의 학자들도 홍수지질학이나 근본주의적 창조 해석에 관심을 보이지 않았다(넘버스, 707-710).

그러나 다른 한편 여전히 창조과학의 젊은 지구론은 반진화론의 물결을 타고 미국 내에서 현재도 환영받고 있으며, 세계적으로 확산되어 이슬람과 유대교에도 전파되고 있다. 한국이 오늘날 창조과학의 수도로 불린다.

이러한 창조과학의 약진에 대해 독일 공립학교에서 종교교육을 담당하는 독일 개신교협의회(EKD)는 2008년에 소책자를 간행하여 "창조과학이라는 이름의 근본주의는 성서의 창조 본문을 문자주의적으로 해석하여 성서 본래의 역사적 맥락을 무시하고 본문의 의도를 곡해하며, 현대 과학을 부정함으로써 신앙과 과학이 마치 양자택일인 것처럼 오해하도록 만든다"고 비판한다. 독일 개신교협의회는 이 책자를 통해 종교교육 시간에 창조과학을 가르쳐서는 안 된다고 권고한다(https://www.ekd.de/ekdtext_94_01.htm).

현대 과학이 발달하기 이전에 기독교에서는 지구 연대와 관련하여 6천 년 설이 지배적이었다. 널리 알려져 있듯이 제임스 어셔 주교(1581~1656)는 천지 창조가 주전 4004년에 있었다고 주장했다. 요하네스 케플러나 루터, 뉴턴 그리고 존 웨슬리의 천지 창조 연대 추정도 이와 크게 다르지 않았다. 하지만 오늘날 과학계에서는 우주의 나이를 약 140억 년 정도로 본다. 그동안 놀랍게 발달한 과학기술과 축적된 과학적 데이터를 기반으로 한 천체물리학과 지질학, 생물학 등의 성과를 무시하고 젊은 지구론을 주장하는 것은 시대착오적이며 반지성주의라는 조소와 비판에 직면할 수밖에 없을 것이다.

3. 수용과 대체

현대 과학의 진화 이론을 수용하면서도 과학적으로만 설명할 수 없는 부분이 있음을 지적하고 이를 자신들의 이론으로 대체하고자 하는 시도는 지적설계론에서 확인할 수 있다. 어떤 면에서 지적설계(Intelligence Design)는 창조과학의 연장선에서 이해될 수 있는데, 과학으로 인정받고자 했던 근본주의 창조 운동이 90년대 들어 지적설계라는 새로운 옷을 입고 등장했기 때문이다. 또한 앞서 보았던 창조과학회는 지적설계라는 용어를 가져와 자신의 이론을 한층 세련되게 만들고자 한다. 지적설계론의 역사는 1970년대로 거슬러 올라갈 수도 있지만, 지적설계라는 개념 자체는 1989년『판다와 인간: 생물학적 기원의 핵심문제들』(*Of Pandas and People: The Central Question of Biological Origins*)에서 처음 사용되었다고 한다(지적설계론의 유래에 대해서는 래리 위덤, 2008, 7장 참조).

창조과학이 홍수지질학과 문자주의 성경 해석에 근거하여 자신의 창조설을 전개한다면, 지적설계론은 성경 해석에서 출발하지 않는다. 오히려 자연 세계의 복잡성과 정밀함, 아름다움, 질서와 조화에 관심하며, 이와 같은 현상의 원인을 추론함으로써 이러한 정밀하고 복잡한 구조는 결코 우연적으로 형성될 수 없다고 본다. 이러한 구조의 원인을 지적설계자의 설계에 돌린다. 그런 면에서 지적설계론은 옛 자연신학(natural theology)의 방법론을 사용하고 있다.

오늘날의 지적설계론의 효시가 되는 윌리엄 페일리(William Paley, 1743~1805)의 저서『자연신학』(1802)도 웹사이트를 통해 원문을 볼 수 있는데, 요약하자면 그 시작은 대략 다음과 같다.

뜨거운 사막을 거닐다가 돌 하나를 발견하면 이 돌이 아마 오래전부터 여기에 있었을 것이라고 추론할 수 있다. 그러나 만약 거기서 시계를 발견했다면, 시계가 우연히 여기서 형성되었을 것이라고 말해서는 답이 되지 않을 것이다.

페일리의 자연신학은 사실 찰스 다윈에게도 흥미를 줬다고 한다. 페일리에 의하면, 자연은 시계처럼 복잡한 구조를 지니고 있어 결코 우연적으로 형성될 수 없다. 시계를 만들려면 먼저 고도의 정밀한 설계가 먼저 있어야 하고, 이후에 설계에 따른 제작이 가능한 것처럼, 자연의 복잡성과 정밀함을 생각할 때 자연 세계에도 지적설계자의 설계가 먼저 존재해야만 이렇게 복잡하고 정밀한 자연 세계가 형성될 수 있다고 보는 것이다.

오늘날 지적설계론은 진화를 수용하면서도 진화의 한계를 '설계'라는 개념으로 대체하고자 한다. 우선 지적설계론은 진화생물학을 부정하지 않는다. 다음의 내용을 지적설계연구회 홈페이지(http://intelligentdesign.or.kr/)에서 확인할 수 있다. "진화가 '시간에 따른 변화' 내지는 '유전자 풀에서의 빈도수의 변화'와 같은 의미라면 지적설계는 진화와 아무런 충돌도 일으키지 않는다. 심지어 '진화'가 모든 생물이 공통 조상을 갖고 있다는 의미라고 하더라도 지적설계는 진화와 양립 가능하다."

지적설계는 창조과학과는 달리 진화생물학을 수용한다. 그렇다면 지적설계자는 자연적 과정에서 설계할 때, 자연법칙을 위배하는가? 생화학자 마이클 베히와 함께 지적설계론의 중요한 논리적 근거를 제공하는 수학자이자 과학철학자인 윌리엄 뎀스키에 따르면, "인간이 지적인 행위자로서 행위할 때마다 기적을 수행하지는 않는 것처럼, 설계자가 지적인 행위자로 행동하려면 자연법칙을 위배해야만 한다고 가정할 근거는 없다."

지적설계론자들은 자신들의 연구가 자연과학의 영역에 속한다고 본다. 따라서 자연적 사건과 과정이 설령 초자연적인 원인에 의해 일어난다고 하더라도, 지적설계의 관점에서는 일련의 자연적 과정은 자연법칙을 위배하지 않는 것으로 관찰된다. 다만 자연적 과정이 우연적이고 맹목적으로 아무런 방향 없이 일어났다고 판단하지 않으며, 지적설계자의 설계에 따라 일어난 것이라고 주장한다.

그렇다면 지적설계론은 오늘날 진화 과학이 말하는 모든

부분을 그대로 수용하는가? 지적설계는 진화 과학과 어떻게 다른가? 지적설계연구회 홈페이지에서는 다음과 같이 밝히고 있다.

> 하지만 만일 '진화'가 "세상의 모든 생물은 오로지 자연선택과 돌연변이에 의한 매커니즘에 의해서 만들어졌다"는 의미라면 지적설계는 진화와 충돌하게 된다. 이러한 의미의 '진화'를 주장하는 사람들은 진화가 모든 생물학적 복잡성을 설명할 수 있다고 주장하는 반면, 지적설계를 주장하는 사람들은 진화로는 설명이 불가능한 생물학적 복잡성이 존재한다고 생각한다.

지적설계론은 자연선택이나 돌연변이에 의한 진화를 주장하는 생물학에 환원주의적 성격이 내재해 있다고 비판한다. 지적설계론은 진화를 인정하되, 환원주의적인 과학으로는 설명할 수 없는 부분이 있다는 사실을 인정해야 한다고 주장한다. 생명은 화학이나 물리학으로 설명할 수 없다는 생물학계의 환원주의에 대한 비판 그리고 자연선택과 돌연변이에 의한 진화의 매커니즘만으로는 설명하기 어려운 생명체의 신비와 복잡성에 대한 논의가 이런 주장의 배경에 놓여 있다.

생화학자 마이클 베히는 자신의 저서『다윈의 블랙박스』 (1996)에서 박테리아 섬모의 활동에 대해 묘사하면서, "환원 불가능한 복잡성"(Irreducible Complexity)이라는 개념을 사용한다. 미세한 세포의 섬모는 세포 활동과 이동에 중요한 역할을 하는데, 이 자그마한 섬모가 제대로 기능하기 위해서는 하부의 여러 작은 부분들, '미세소관, 연결부, 모터' 등이 모두 기능을 발휘해야만 한다. 그런데 각 부분이 점진적인 진화라는 과정을 통해 오랜 시간 동안 각각 다른 시점에 형성되었다고 한다면, 전체 시스템으로서의 섬모가 제대로 기능을 발휘할 수가 없었을 것이고, 쓸모없는 기능으로 인해 도태되고 말았어야 한다. 달리 말하면 생화학적으로 복잡한 구조를 지닌 기관들은 개별적으로 각각 우연적인 진화의 과정으로서는 형성될 수 없는 환원 불가능한 복잡성을 지닌 것으로, 지적설계자에 의해 설계된 조직으로 보아야 한다(마이클 베히, 2001).

지적설계론은 기존의 진화 과학으로서는 설명할 수 없는 부분(환원 불가능한 복잡성)을 지적하고, 이를 통해 설계와 설계자를 추론하는 방식을 택한다. 생명 활동에 중요한 성분인 단백질의 경우에도 수십에서 수천 개의 아미노산이 결합되어 있는데, 각각의 단백질이 온전하게 기능을 발휘하기 위한 단백질 구성의 복잡성은 단순히 우연에 의한 진화만으로는 설명하기 어렵다고 한다.

지적설계의 주장대로 과학 이론은 완벽하지 않으며 비판과 검토와 수정이 필요하고 또 그런 역사를 밟아왔다(지적설계의 배경이 되는 과학계의 논의에 대해서는 래리 위덤, 2008 참조). 그런데 특정한 부분에 대한 과학적 설명의 한계나 맹점을 지적한다고 해서 그 자체가 기존의 과학을 대체하는 과학 이론이 되는 것은 아니다. 지적설계가 기존의 진화 과학으로 해결하지 못한 부분을 지적하는 것은 학문적으로 정당하나, 여기서 설계나 설계자를 언급하며 메우는 방식은 일종의 종교적 도약으로 과학의 영역을 벗어난 것이라 할 수 있다. 지적설계의 이런 방식에는 분명 종교적 관점이 내재해 있다고 할 수 있다. 예컨대 과학수사를 통해 아무리 노력해도 해결의 실마리를 찾지 못하던 미결사건에 대해 담당 수사관이 "다른 방법을 모르겠다. 이 사건은 미지의 외계인에 의해 일어난 일이라고 하자!"라고 결론짓는다면, 과연 이것을 과학수사의 과학적 결론이라고 할 수 있을까?

우리는 하나님의 창조와 섭리를 신앙하며, 자연의 진화 과정에 하나님의 계획과 인도, 그분의 설계가 있다고 고백한다. 기독교 신앙은 우주와 생명, 인간의 역사에 활동하시는 하나님의 섭리를 고백해 왔으며, 그분의 계획하심을 따라 역사가 인도될 것을 믿고 있다. 하지만 우리는 이러한 신앙이 기존의 과학을 대체하는 새로운 과학이라고 주장해야 할까? 신앙의 차원과 과학의 차원을 동일시하거나, 우리의 신앙이 곧 과학적 증거나 증명의 토대가 된다고 주장할 수 있을까? 만약 '환원 불가능한 복잡성'이라고 명명한 구체적인 그 생물학적 과정이 과학자들에 의해 설득력 있게 설명된다면, 신앙의 자리는 사라지게 되는 것이 아닐까?

그런데 지적설계는 과학의 지위를 얻기를 원했고, 미국 내에서 기존 과학의 대안으로 지적설계를 공립학교에서 가르쳐야 한다는 요구들이 있었다.

창조-진화 논쟁과 관련해서 이미 1925년에 스콥스 재판이 있었던 이후로 1968년에는 아칸소주(州)의 생물 교사 수전 애퍼슨이 공립학교에서 진화론을 금지하는 아칸소주의 법이 정교분리의 원칙에 위배된다고 소송을 제기하였고, 1968년 11월 대법원은 아칸소주의 법이 헌법 수정조항 제1

조에 위배된다고 판결하였다. 이후 1980년대에는 창조과학을 기존 과학과 동등하게 가르쳐야 한다는 이른바 '동등시간법' 소송이 진행되었고, 루이지애나주(州) 연방대법원에서 이를 위헌으로 판정한 바 있다. 이런 가운데 펜실베니아주(州) 도버 교육위원회가 지적설계론을 교과과정에 삽입하자 이에 반발한 학부모와 미국시민자유연합이 소송을 제기했다(넘버스, 823 이하). 2005년 미국 연방 지방법원의 존슨 판사가 이에 대해 내린 판결의 핵심은 이것이다.

> 기록과 판례를 면밀히 검토하여 우리가 내린 결론은 … 지적설계는 과학이 아니라는 사실이다.

기존 진화 과학에서 설명하지 못하는 부분에 대한 '비판'과 '질문'으로서 지적설계는 유용하다. 하지만 앞서 창조과학에 대해 언급한 것과 마찬가지로 특정 분야에 대한 기존 과학적 설명에 대한 비판과 질문만으로는 과학이 될 수 없다. 또한 과학적으로 설명되지 못하는 부분이 있다고 해서 이것이 지적설계자 또는 신적 존재를 증명하는 것도 아니다. 더 나아가 과학적으로 설명되는 부분과 그렇지 못한 부분을 나눈 다음, 과학적으로 해명되지 못하는 부분은 신의 영역으로, 과학적으로 설명되는 부분은 신적 섭리와 무관한 자연의 영역으로 나누는 작업도 신학적으로 타당하지 않다. 오히려 자연적 과정으로 형성되고 발생하는 것이 과학적으로 해명되든 아니면 아직 해명되지 못하는 난제로 남아 있든, 신앙의 관점에서 모든 영역을 하나님의 창조와 섭리의 교리와 연관시켜 이해할 수 있다.

이처럼 기존 과학에 관한 질문과 이의제기로서 지적설계론자의 과학적 탐구는 유용하나, 이로써 지적설계가 기존 과학을 대체하는 과학이 될 수는 없다. 지적설계가 과학적 탐구를 통해 신의 영역을 확보하고자 하는 시도는 중세의 자연신학(natural theology)이 갖고 있는 맹점처럼 신을 자연의 범주 안에 놓여 있는 하나의 존재자로, 그래서 자연적 과정 안에 있는 하나의 원인자로 만들 위험이 있다. 또한 신의 활동 영역을 특정한 영역에만 한정시키는 결과를 낳고, 신적 활동을 자연적 과정들 안에서 확인할 수 있는 것처럼 오해하도록 만든다.

오늘날 지적설계는 창조과학과 거리 두기를 하는 한편, 창조과학은 지적설계라는 용어를 자신의 입장을 설명할 때도 사용하고자 한다. 창조과학의 입장에서는 지적설계가 성경을 문자주의적으로 이해하지 않는다고 비판한다. 또한 창조와 신적 활동을 언급하면서 성경을 거의 사용하지 않는 점을 비판한다. 하지만 지적설계는 창조과학의 그러한 근본주의적이며 문자주의적인 성경 해석이야말로 반지성적인 접근일 수밖에 없다고 판단할 것이다.

4. 대화와 포용

찰스 다윈이 『종의 기원』(1859)을 세상에 내놓은 이후, 진화론이 창조 신앙을 파괴한다는 두려움이 미국의 근본주의자들을 중심으로 퍼져 나갔다. 하지만 진화론을 창조 신앙의 관점에서 해석하여 창조와 진화 사이에 화해와 대화의 길을 열어갈 수 있다고 생각했던 일련의 과학자와 신앙인의 주장에 대해 19세기 말부터 '유신진화'(theistic evolution) 또는 '진화적 유신론'(evolutionary theism)이라는 용어가 사용된 듯하다. 이는 분명 진화론적 무신론이나 무신론적 진화론의 반대 개념으로 명명되었을 것이다. 하지만 유신진화의 용어가 언제, 누구에 의해, 어떤 의미로 사용되었는지는 아직 명확하게 알려지지 않았다.

창조과학이나 지적설계는 같은 이름의 단체와 조직을 만들어 활동하는 반면, 유신진화(론)라는 이름의 단체나 조직은 존재하지 않는다. 그런 점에서 유신진화의 의미는 두루뭉술한 측면이 있고 적용 대상도 광범위하다. 여기서는 창조과학의 입장이나 지적설계의 입장과는 다른 방식으로 창조와 진화의 관계를 대화와 포용의 방식으로 이해하고자 하는 시도라고 정리하겠다. 참고로 유신진화론이라는 명칭 때문에 우리나라에서는 "오직 진화론만 주장한다"라는 뜻으로 오해하거나 '진화론의 한 갈래'로 오해하는 경우가 있다. 또 의도적으로 유신진화(론)의 입장을 폄훼하고자 "유신진화론은 결국 진화론"이라고 주장하기도 한다. 유신진화의 입장은 창조와 진화의 관계 설정과 관련된 기독교 창조 신앙의 한 입장이라는 점에서 유신진화라는 명칭 대신에 '진화적 창조'(evolutionary creation)로 부르자는 제안도 있다(바이오로고스 웹페이지).

대화와 포용의 입장을 지지하는 자들에게 하나님은 우주와 만물의 창조주이시며 만물을 보존하고 섭리하시는 분이다. 하나님의 창조는 우주와 인간, 자연의 역사를 포괄하며,

진화는 하나님의 창조를 과학적 방법과 개념으로 포착하고 설명하려는 최선의 노력으로 이해된다. 따라서 진화 이론은 하나님의 창조를 부정하고 반증하는 이론이 아니라 하나님의 창조와 그분의 활동에 대한 과학적 설명이다. 이들은 진화와 진화주의를 구분하며, 우주와 생물, 인간, 문화와 종교 등 모든 것을 진화론적으로만 완벽하게 설명할 수 있다고 주장하는 진화주의는 협소하고 폐쇄적인 세계관으로서 배격한다. 대화와 포용 또는 통합을 지향하는 이들은 진화 과학의 측면에서 언급되는 우연성을 인정하면서도, 이를 하나님의 설계와 섭리로 포괄한다. 즉, 과학이 말하는 우연성과 맹목성은 하나님의 창조 역사 전체의 관점에서는 설계와 섭리로 이해될 수 있다.

앞서 보았듯이 창조-진화의 관계 설정에 있어 창조과학의 입장은 창조와 진화를 양자택일의 관계로, 곧 대립적으로 이해한다. 이에 반해 지적설계는 진화에 대한 과학적 설명을 인정한다. 다만 이러한 자연의 과정이 진화론적으로만 설명되지 못하는 한계점이 있다고 보며, 그 부분과 관련하여 지적설계자의 설계를 주장하고자 한다. 하지만 대화와 포용의 길은 이들과 달리 창조 신앙과 과학적 설명으로서의 진화를 양자택일로 보지 않고 서로 층위를 달리하는 양립 가능한 설명으로 본다. 과학적으로 아직 해결되지 못하는 부분에 대해서는 신적 존재를 요청해서 해결하기보다는 과학이 해결해야 할 부분으로 남겨 둔다. 유신진화론은 이런 점에서 기존 과학을 대체하는 과학이 되고자 하지 않는다. 오히려 이들은 진화 과학을 신학적으로 포용하고 대화하면서 우주와 인류와 자연의 역사 전체를 하나님의 창조와 섭리의 역사로 받아들이고 변호하고자 한다.

바이오로고스(BioLogos)라는 단체를 설립한 인간게놈프로젝트의 연구소장이었던 프랜시스 콜린스를 비롯하여 과학자이자 신학자인 존 폴킹혼과 로버트 러셀 그리고 위르겐 몰트만과 볼프하르트 판넨베르크, 영문학자이며 변증가인 C. S. 루이스와 분자생물학 박사이면서 복음주의 신학자인 알리스터 맥그라스 그리고 보수적인 개혁주의 신학자로 알려진 핫지와 워필드, 복음 전도자 빌리 그래함 등 진화에 대해 개방적이고 대화적인 자세를 갖춘 복음주의 신학자와 사상가들이 이 부류에 속한다. 또한 풀러신학교 전 총장인 리처드 마우를 비롯하여 칼빈대학의 제임스 스미스, 저명한 신약학자 톰 라이트, 풀러신학교 교수이자 오순절 계열의 신학자 아모스 용 등도 대화와 포용의 입장에 속한다고 할 수 있다(리처드 마우 외, 2019). 하지만 이들은 창조 교리를 비롯한 다양한 신학 주제에 관해 세부적으로는 각자의 관점에서 고유한 주장과 내용을 전개하고 있다.

부언하자면, 대화와 포용의 입장은 지적설계론과 유사하게 보인다. 왜냐하면 양자 모두 자연현상으로서의 진화와 자연현상에 대한 설명으로서의 진화 과학 그리고 하나의 세계관으로서의 진화주의를 구분하며 신적 존재를 전적으로 배제하는 무신론적 진화주의에 대해서는 철저히 반대하기 때문이다. 창조와 진화가 서로 모순 없이 공존할 수 있다고 긍정하고 하나님의 설계와 계획이라는 단어를 사용하는 것도 특별하진 않다. 다만 지적설계와 달리 대화와 포용의 입장은 하나님의 설계를 특정한 영역과 시점에만 한정하여 사용하지 않으며 우주와 인류, 자연의 역사 전체를 포괄하는 개념으로 사용한다. 또한 유신진화나 진화적 창조에 서 있는 과학자들은 진화론적 설명의 한계와 문제점을 지적하면서 자신의 이론을 이에 대한 대안적 과학으로 내세우지 않는다. 또한 과학의 한계가 신적 존재나 설계에 대한 증거가 된다고 보지도 않는다. 오히려 대화와 포용의 입장은 창조 신앙의 관점에서 현대 과학의 설명과 이론을 비판적이며 건설적인 수용하고자 한다. 이들은 기존 과학을 대체하는 새로운 과학 이론을 설정하고자 하지 않으며, 오히려 창조에 대한 보다 더 깊은 신학적 이해에 도달하고자 한다. 따라서 이러한 시도를 기존의 자연신학(natural theology)과는 구분하여 자연의 신학(Theology of Nature)이라고 부르기도 한다.

창조와 진화의 문제에 있어 대화와 포용의 길을 모색하는 이러한 입장도 신중하게 고려해야 할 부분이 없지 않다. 기존의 창세기 1-3장에 대한 해석의 문제를 비롯하여 성서 전반에 놓여 있는 창조 본문을 신학적으로 더 깊이 이해할 필요가 있다. 하나님의 창조 활동과 창조 세계의 관계를 신학과 과학의 언어로 세밀하게 해명해야 할 때, 신학도 아니고 과학도 아닌 유사 학문의 범주로 빠져들 위험도 있다. 또한 자칫 잘못하여 창조와 진화를 동일시하거나 하나님의 창조 활동을 내재적으로만 이해하여 초월성을 망각한다든가, 과학주의에 빠져 신학의 고유한 주장을 포기하거나 상실하지 않도록 주의할 필요도 있다. 따라서 하나님을 자연과 동일시하거나 창조를 진화와 일치시켜서도 안 될 것이다. 신학과 과학, 창조와 진화가 대화와 포용의 길을 걷고자 한다면,

먼저 양자의 간격과 다름을 인정할 수 있어야 한다.

5. 나가는 말

진화라는 말만 나오면 화들짝 놀라며 기독교 신앙에 해가 된다고 생각하던 때가 있었다. 지금도 많은 건전한 신앙인이 그런 사고의 틀에 갇혀 있다. "창조냐, 진화냐" 하는 물음은 19세기 후반부터 시작되었다. 그래서 여전히 낯선 주제 중 하나일 수 있다.

성서의 진리에 뿌리를 두고 있는 기독교 신앙이 과학의 진리에도 개방적일 수 있을까? 이 물음은 이른바 '갈릴레오 논쟁'을 되돌아보게 한다. 갈릴레오는 당시에 종교적으로 금기시된 코페르니쿠스의 지동설을 과학적으로 뒷받침했던 탁월한 과학자이면서도 독실한 신앙인이었다. 그는 성서의 진리와 과학의 진리가 모두 하나님의 진리로서 서로 충돌하거나 모순되지 않는다고 보았다. 문제는 성서가 아니었다. 성서 해석이 문제였다. "성서의 진리를 어떻게 해석할 것이냐" 하는 물음에 대해 그는 그동안 교회 전통에서 인정해 왔던 문자적 해석과 상징적 해석 모두를 존중하는 방식을 취했

다. 이로써 문자적 해석만 고집하는 문자주의를 극복하고자
했다. 하나님께서 우리에게 두 책을 주셨는데, 이는 곧 성서
의 책과 자연의 책이다. 성서를 통해 하나님은 하늘 가는 길
을 가르쳐 주셨고, 자연을 통해 하늘이 어떻게 운행되는지를
보여주셨다. 갈릴레오는 이런 확신 아래 신앙과 과학의 충돌
을 극복할 수 있었다(로널드 헨델, 204-214).

기독교 신앙은 하나님을 창조주로 고백한다. 루터의 고
백에 따르면, 창조주 하나님은 우주 만물을 창조하셨을 뿐
아니라 나를 창조하셨고 또한 나에게 필요한 모든 것을 공급
하시는 분이시다. 창조 신앙은 단순히 과거의 사건에 대한
고백을 넘어 현재와 미래에도 동일하게 창조주로서 보존하
시고 돌보시고 이끄시는 하나님에 대한 고백이다.

창조 신앙은 진화 과학의 도전 앞에서 결코 위축될 필요
가 없다. 창조주 하나님에 대한 신앙에 근거하여 우주와 생
명의 진화에 대한 과학적 설명을 넉넉히 수용할 수 있는 사
유의 틀을 갖추는 것이 필요하다. 창조와 진화, 신학과 과학
을 동등한 범주에 놓는 범주의 오류에서 벗어나야 한다. 문
자적 해석만 고집하는 문자주의에서 벗어나 다양한 성서 해
석을 포함하는 포괄적인 해석학적 노력도 필요하다.

창조와 관련된 신학적 논의에서 창조 본문의 역사성과 문학성 그리고 그 의미를 왜곡하고 축소해서는 안 된다. 성서의 창조 본문은 현대인에게 과학 정보를 주고자 서술된 것이 아니다. 창조 본문의 형성과 구성에 놓여 있는 역사성과 문학성을 성서신학은 이미 18세기 이래로 탐구해 왔고, 지금도 계속 연구 중이다.

성서의 진리를 올바르게 드러내기 위해 시대에 적합한 성서 해석이 요구된다. 오늘날 신학은 창조와 진화의 관계 설정에서 대립과 모순을 넘어 양자의 층위를 구분하며 비판적 수용과 대화의 길로 나가고자 한다. 창조 신앙이 과학에 종속되거나 과학을 대체해서도 안 되지만, 과학이 종교를 대체하거나 폐기해서도 안 된다.

자연은 하나님의 작품이다. 하나님이 지금도 키우고 입히고 먹이고 돌보시는 창조 세계다. 과학은 하나님이 만드신 창조 세계의 비밀을 조금이나 밝히려는 노력이요 최선의 설명이라고 할 수 있다. 하지만 과학이 엄청나게 발전한 우리 시대에도 자연은 여전히 미지의 신비로 가득하다. 과학을 통해 조금이나 그 신비를 맛볼 수 있게 된 것에 우리는 창조주 하나님께 감사드리지 않을 수 없다. 과학이 알려준 창조 세계의 비밀로 인해 우리는 하나님께 찬양하고, 아직도 알 수 없는 비밀로 인해 우리는 그분께 경배한다. 하나님의 신비를 인간이 다 헤아릴 수 없듯이, 창조는 진화보다 크고 넓고 깊다.

참고문헌

김정형 (2019). 창조론: 과학시대 창조 신앙. 서울: 새물결플러스.

김학철 (2024). "기독교교양학의 전망에서 창조 논란 이해하기." 창조신학 컨퍼런스 1 "나는 창조의 하나님을 믿습니다". (2024년 5월 17일, 연세대학교 원두우 신학관 2층 예배실): 25-36.

래리 위덤 (2008). 생명과 우주에 대한 과학과 종교논쟁, 최근 50년. 박희주 옮김. 서울: 혜문서관.

로널드 L. 넘버스 (2016). 창조론자들 — 과학적 창조론에서 지적설계론까지. 신준호 옮김. 서울: 새물결플러스.

로널드 헨델 (2020). 창세기와 만나다. 박영희 옮김. 서울: 비아.

리처드 도킨스 외 (2017). 왜 종교는 과학이 되려 하는가. 김명주 옮김. 서울: 바다출판사.

리처드 마우 외 (2019). 진화는 어떻게 내 생각을 바꾸었나? 안시열 옮김. 서울: IVP.

마이클 베히 (2001). 다윈의 블랙박스. 김창완 외 옮김. 서울: 풀빛.

박영식 (2023). 창조의 신학. 서울: 동연.

신익상 (2024). "과학에게 창조과학은 무엇인가." 뉴스앤조이 2024년 6월 6일.
https://www.newsnjoy.or.kr/news/articleView.html?idxno=306380.

바이오로고스. https://biologos.org/common-questions/what-is- evo-
lutionary- creation.

EKD-Texte. https://www.ekd.de/ekdtext_94_01.htm

5장

유신진화론과
창조 신앙의 의미

허호익

(전 대전신학대학교 교수)

1. 창조 기사는 역사적 · 과학적 사실인가

: 진화론과 창조과학의 쟁점

기독교인들은 오랫동안 "태초에 하나님이 천지를 창조하셨다"(창 1:1)라는 명제를 역사적 · 과학적 사실로 여겨 왔다. 갈릴레이가 『두 가지 주요 세계관에 관한 대화』(1632)를 통해 지동설을 공개적으로 주장하자, 당시 가톨릭교회는 성경의 천동설과 반대되는 지동설을 수용하면 기독교 신앙이 크게 흔들리게 된다고 생각하여 그를 종신형에 처했다. 하지만 지동설이 기독교의 본질적인 신앙고백을 흔들어 놓지는 못했다. 이제는 지동설이 반성경적이라고 반대하는 이는 없는 것 같다.

북아일랜드의 어셔(James Ussher, 1581~1656) 주교는 『신구약의 연대표』(1654)에서 성서와 고문서 등에 대한 연대기적 계산 결과를 토대로 천지 창조의 시점을 "정확히 서기전 4004년 10월 23일"이라고 주장했다. 이 날짜는 1710년 영국국교회에서 공식적으로 인정받았고, 19세기 이전까지는 널리 인정되어 왔다.

어셔와 비슷한 시기에 살았던 종교개혁자 칼빈(또는 칼뱅,

1509~1564)은 성경이 과학적으로나 역사적으로 오류가 있을 수 있다는 것을 인정하였다(허호익, 2010, 213-215). 칼빈은 "하나님이 두 큰 광명을 만드사 큰 광명으로 낮을 주관하게 하시고 작은 광명(maore)으로 밤을 주관하게 하시며"(창 1:16)라고 하였지만, 달은 발광체(maore)가 아니라 반사체라는 당시 과학자들의 주장을 수용하여 창세기의 해당 표현은 과학적 오류라고 한 것이다. 그는 신적 기원을 가진 성경이 문자적 오류 때문에 손상을 받지 않으며, "하늘의 지고한 신비가 대부분 비천한 말로 표현된 것은 하나님의 특별한 섭리가 없이는 불가능한 일"이라고 하였다.

칼빈은 성경에는 역사적 문헌과 상치되는 것도 다수 있다고 하였다. 사도행전 4장 5절 강해에서 "누가가 여기서 안나스를 대제사장으로 보는 것은 이상하다. 왜냐하면 요세푸스의 글을 보면 빌라도가 로마로 소환된 후 비텔리우스가 지휘관이 되어 예루살렘으로 들어오기까지는 가야바가 이 직임을 잃지 않은 것이 분명하기 때문이다"라고 하였다. 칼빈은 역사가인 요세푸스의 기록을 성서 기자인 누가의 기록보다 더 신뢰하고 있으며 누가의 기록에 대해 의문을 제기하고 있다.

칼빈은 성서에 있어서 교리의 영감과 교리의 무오성을 분명히 주장했다. 그러나 교리가 아닌 다른 오류들은 사실상 인정하고 있다. 성서는 성령의 영감으로 기록되었으며 중심적인 것, 즉 교리는 오류가 없다. 그러나 주변적인 것에는 오류가 있을 수 있으나 이것은 사소한 문제라고 보았다. 칼빈의 전통을 계승한 웨스터민스터 신앙고백(1647)에는 "이 모든 책(성경)은 하나님의 영감으로 주어진 것으로 믿음과 생활에 기준이 된다"고 하였다 이 전통을 이어받은 대한예수교장로회(통합) 신앙고백서도 "신구약성경은 하나님의 말씀이니 신앙과 행위에 대하여 정확 무오한 유일의 법칙이다"라고 명시하고 있다. 이는 성경이 신앙과 행위와 무관하게 과학적으로나 역사적으로 무오한 법칙은 아니라는 의미를 함축한다.

다윈이 『종의 기원』(1859)을 통해 생물집단이 여러 세대를 거치면서 자연선택(natural selection)과 적자생존을 통해 변이(variation)를 축적해 집단 전체의 특성을 변화시키고 나아가 새로운 종의 탄생을 형성한다는 소위 진화론을 주장하여 큰 충격을 주었다. 여러 생물 종 사이에서 발견되는 유사성을 통해 현재의 모든 종이 이러한 진화의 과정을 거쳐 먼 과거의 공통 조상으로부터 점진적으로 분화되어 생명이 진화하여 왔다는 진화생물학은 생명의 기원에 관한 가장 그럴 듯한 과학적 가설로 점차 널리 인정되었다.

반면에 창세기를 문자적으로 이해하는 이들은 이러한 진화론이 기독교의 창조 신관을 부정하며 창조론을 가르치는 성서의 권위에 대한 도전이고, 인간과 동물의 질적 차이를 부정하는 인간의 존엄성을 헤치는 것이며, 생존경쟁과 약육강식을 합리화하는 비도덕성을 조장한다는 이유로 강력하게 반발하였다. 진화론을 거부하는 공개 토론과 진화론을 가르치지 못하게 하는 법적 소송을 제기하는 등 진화론에 대한 신앙적인 투쟁을 전개하여 왔다.

1925년 테네시주의 한 시골 고등학교 교사였던 존 스코프가 진화론을 가르쳤다고 하여 100달러 벌금의 유죄 판결을 받은 '원숭이 재판'이 그 대표적인 사례다. 우리나라에서도 진화론에 관한 법적 공방이 제기되었다. 2012년에는 교과서진화론개정추진위원회라는 단체가 "시조새는 파충류와 조류의 중간 종(種)이 아니고 말(馬)의 진화 계열은 상상의 산물"이라는 과학적인 증거를 제시하고 교육과학기술부를 대상으로 현행 과학 검인정 교과서에 수록된 관련 자료에 대한 삭제를 청원했다. 그러한 주장의 타당성이 일부 인정되어 해당 교과서를 펴낸 출판사는 여섯 곳의 시조새 관련 부분과 세 곳의 말의 진화에 관한 부분을 삭제하기로 결정하였다고 한다.

한편으로 진화론을 과학적으로 비판하면서 '지구 나이 6000년 설'을 주장한 제임스 어셔(James Ussher) 대주교의 주장을 더욱 발전시키려는 이들도 생겨났다. 이들은 창세기의 창조에 관한 기록은 역사적으로나 과학적으로 사실이라는 것을 주장한다. 그러나 어셔의 연대기 계산이 정확 무오하다는 주장은 성경적으로도 반박이 가능하다. 성경에는 이스라엘 백성의 이집트 체류 기간조차 430년(출 12:40; 갈 3:17)과 400년(창 15:13; 행 7:6)으로 서로 다르게 기록되어 있다. 어느 것이 정확한지 알 수 없음에도 불구하고 어셔는 430년을 취한 것이다. 그리고 어셔 시대에는 오늘날 널리 수용되는 빅뱅이론이나 지구과학이나 천체물리학과 같은 학문 자체가 없던 시절이었다.

창조는 창조과학자들의 주장처럼 과학적 사실일까? 빌헬름 딜타이(1833~1911)가 처음으로 인문과학(Human Science)과 자연과학(Natural Science)을 구분하였다. 인문과학의 대상은 인간의 삶이지만, 자연과학은 자연현상을 실험과 관찰을 통해 세운 가설을 논증하는 것이다. 과학의 역사를 보면 하나의 기존 가설은 새로운 다른 가설에 의해 번복되어 왔다. 따라서 "자연과학적 진리는 번복 가능한 가설"이라는 것이 과학에 대한 과학적 정의다. 과학적 진리가 절대적이라고 맹신하는 것을 과학자들은 '과학적 미신'이라고 한다.

신학은 어느 쪽에 속할까? 존 맥쿼리(2019~2007)는 신학(theology)은 자연과학이나 인문과학과는 전적으로 다른 '신적 과학'(Divine Science)이라 하였다. 신학은 무엇보다도 연구의 대상이 신이고, 신에 대한 인간의 신앙이며, 신에 대한 신앙은 계시와 은총으로 주어지는 것으로 계시와 은총을 믿음으로 받아들여 '고백적 삶'을 사는 것이 신학의 목적이라고 본 것이다. 고백적인 삶은 하나님의 뜻에 전인적으로 응답하는 '생활 신앙'이기 때문이다.

자연과학: 우주와 생명의 기원을 실험과 관찰의 방법으로 설명한다.

인문과학: 태초의 삶의 체험과 표현을 그 삶의 정황에 비추어 해석한다.

신적과학: 생명의 새 질서와 영원한 가치를 창조주 신앙에 비추어 고백한다(허호익, 2014, 284).

성서는 우주와 생명의 기원을 설명한 자연과학의 실험과 관찰의 보고서가 아니며, 삶의 세속적 체험과 표현을 해석한 인문과학의 교과서도 아니다. 창세기를 기록한 동기와 목적은 세계와 생명과 인간의 기원에 대한 자연과학적인 실험이나 관찰을 통해 세운 가설을 제시하기 위함도 아니요, 역사 비평적인 사료 비판을 통해 과거의 역사를 재구성하기 위하여 서술한 것도 아니다.

유명한 구약학자 폰 라드(1901~1971)도 "창세기는 신앙고백이라는 것을 인정해야 한다"고 하였다. 세계성서학회(ISBL)와 미국 성서학회(SBL)에서도 신앙고백을 과학으로 논증하려는 창조과학을 사이비 신학으로 간주하고 있으며, 국제과학과종교학회(ISSR)에서는 2017년 창조과학뿐 아니라 지적설계론조차도 "정상적인 과학도 정성적인 신학도 아니다"라는 성명을 발표했다.

사이비 종교가 있듯이 사이비 과학도 있다. 대표적인 사례가 새뮤얼 로보텀(1816~1884)이 시작한 국제지구평면학회(International Flat Earth Society)다. 이 단체는 한때 학술지도 발간하고 국제학회를 개최하기도 했다. 한국에서도 지구평면설을 추종하는 이들이 있는데, 이는 형용 모순이다. 영어(Earth)와 달리 지구(地球)라는 단어에는 원형을 뜻하는 구(球)라는 단어가 포함되어 있기 때문이다.

진화론과 창조과학의 쟁점을 살펴보면, 창조과학자든 진화론자든 저마다 우주와 생명의 기원에 대한 자연과학적 가설을 논증하려고 애쓰고 있다. 그러나 성서적 창조 신앙과 창조신학의 입장에서 보면, 양자는 모두 방법론적 비판의 대상이 된다. 진화론자나 창조과학자 모두 신앙과 학문, 정확히 말하면 신학과 과학의 대상과 방법을 혼동한다는 비판을 면할 수 없기 때문이다. 양자의 구분에 대해서는 일찍이 갈릴레오가 명확히 지적했음을 기억해야 할 것이다. 그는 성서는 성령의 말씀을 받아 적은 것이고, 자연은 하나님의 명령을 가장 충실하게 집행한 결과물이라고 하였다. 그리고 바로니오 추기경의 말을 자주 인용했다고 한다. 그가 인용한 내용은 이렇다.

"성령의 의도는 하늘이 어떻게 움직이는가를 가르치는 것이 아니라, 우리가 어떻게 하늘에 갈 수 있는지를 가르친다"(신재식, 2013, 103-104).

다윈은 "성서는 하늘나라에 가는 길을 계시하고, 과학은 하늘이 움직이는 길을 탐구한다"고 여겼다. 전자는 생명의 영원한 가치를 고백하는 것이지만, 후자는 생명의 과학적 기원을 규명하는 것이므로, 양자의 방법과 목적이 서로 다르다는 것을 인정해야 한다는 것이다. 따라서 과학적 환원주의에 입각하여 진화론을 무조건 주장하는 것은 '과학적 문자주의'이고 성경 말씀에 근거하여 창조과학과 지적설계론을 주장하는 것은 '종교적 문자주의'라는 비판을 받게 된 것이다.

2. 샤르뎅의 창조와 진화의 순차적 병진과 유신진화론

20세기에 접어들면서 진화생물학과 지구과학과 천체물리학이 더 정교하게 규명되면서 여러 세부적 논쟁에도 불구하고 진화생물학을 더 이상 부정할 수 없게 되었다. 그래서 일단의 신학자들은 창조론과 진화론을 수용하여 창조주 하나님이 생명의 진화에도 개입하신다는 '진화론적 창조론'을 모색하였다. 전통적인 진화론이 무신론의 근거가 된다고 보아 '유신론과 진화론'을 제시하기에 이르렀다. 진화론의 도전에 직면하여 진화론과 창조론 양자의 주장을 통섭하는 유신진화론 또는 창조적 진화론은 다음과 같은 전제를 공유한다.

1) 우주는 약 140억 년 전에 무에서 창조되었다.

2) 확률적으로 대단히 희박하지만, 우주의 여러 특성이 생명
   이 존재하기에 적합하게 만들어졌다.

3) 지구에 처음 생명이 탄생하게 된 경위는 정확히 알 수 없지
   만, 일단 생명이 탄생한 뒤로는 대단히 오랜 세월에 걸쳐 진
   화와 자연선택으로 생명적 다양성과 복합성이 생겨났다.

4) 일단 진화가 시작되면 특별한 초자연적 존재가 개입할 필
   요가 없다.

5) 인간도 이 과정의 일부이며, 유인원과 조상을 공유한다.

6) 그러나 진화론적 설명을 뛰어넘어 정신적 본성을 지향하는
   것이 인간의 특성이다(신재식, 2013, 396).

대표적인 신학자는 북경 원인(原人) 발굴에도 참여했던
고생물학자 테야르 드 샤르댕(1881~1955) 신부다. 그는 창
조와 진화를 통일시키는 하나님이 계신다고 주장한 것이다.

"어떻게 하나님이 (창조와 진화를) 통일시키는 것일까? 하나

님은 부분적으로 물질에 스며드심으로써, 원소들이 되고, 그리고 물질의 중심부의 지켜보기 좋은 곳에서, 우리가 오늘날 진화라고 부르는 것을 조절하고 이끌고 계시는 것이다"(샤르댕, 322).

샤르댕은 무에서 무기체인 물질현상이 생기고, 물질현상의 임계점에서 유기체인 생명현상이 생기고, 생명현상의 임계점에서 인간의 정신현상이 생겼으며, 정신현상의 임계점에서 공동정신(co-reflection)현상이 출현했는데, 이 네 가지 현상은 하나님의 창조로 설명하였다. 이어서 이 네 가지 현상 자체 내에서 다양한 진화가 일어난다고 하였다. 물질현상 자체 내의 무기물에서 아미노산이 생기고, 아미노산에서 단백질이 생성된 것은 진화의 과정이라고 한다. 생명현상 출현 후 아메바, 원생동물, 무척추동물, 척추동물, 양서류, 파충류, 조류, 포유류, 원인류로 이어지는 생명이 진화하는 과정의 마지막 단계에서 인간의 정신현상이 창조되었고, 정신현상으로서 인간이 진화하는 과정에서 예수 그리스도라는 '무차별적 무조건적 이웃사랑의 공동정신'이 출현하였다. 이것이 바로 성육신이라는 창조적 사건이라고 설명한다.

샤르뎅은 그리스도 안에서 만물이 창조되었고, 만물의 통치자인 그리스도 안에서 만물이 계속 창조되고, 만물의 완성자인 그리스도 안에서 만물이 완성되는 것이므로 그리스도는 참 신이요 참 인간으로 성육신하셨을 뿐 아니라 참 우주로서 우주적 그리스도(Cosmic Christ)라고 하였다. 예수 그리스도라는 공동정신의 출현 이후 인류의 진화의 목표는 모든 인간이 공동정신을 구현하는 것이기 때문에 예수 그리스도가 진화의 정점(Omega Point)이라고 하였다. 샤르뎅은 이처럼 창조와 진화가 번갈아 일어났으며 창조와 진화의 마지막 정점과 목표는 모든 인류가 예수 그리스도의 공동정신을 실현하는 것이라고 하였다(허호익, 2014, 292-293). 샤르뎅이 주장하는 창조와 진화의 병진 과정을 도표로 요약하면 다음과 같다.

창조와 진화의 순차적 병진 과정

	창조 과정		진화 과정
↓	물질현상 출현	→	무기체의 진화
↓	생명현상 출현	→	유기체의 진화
↓	정신현상 출현	→	영장류의 진화
↓	공동정신현상 출현	→	기독교의 전개

창조과학은 최초의 원 창조만 무모하게 과학적으로 논증하려고 하고, 진화론은 우연적인 계속적인 진화를 주장하지만, 둘 다 창조의 궁극적인 목적으로 성서가 강조하는 '새 하늘과 새 땅과 새 사람의 실현을 통한 창조의 종말론적 완성'은 설명하지 못하는 약점이 있다. 샤르뎅의 창조론적 진화론은 진화론의 우연성을 비판하고 창조적 진화의 궁극적 목표를 제시했다는 데 의미가 있다. 따라서 샤르뎅은 진화론의 우연성을 비판하고 그리스도 출현 이후 인류의 진화의 목적은 사익(私益)을 추구하는 모든 인간이 그리스도를 본받아 '공익(公益)만을 추구하는 공동정신을 실현하는 새 인간이 되는 것'임을 함축하고 있다. 사익을 추구하는 인간은 공익을 추구하는 인간보다 덜 진화된 인간이라는 신앙고백을 담아낸 것이다. 그러므로 샤르뎅의 시도는 창조와 진화가 순차적으로 번갈아 일어나는 병진 과정을 통해 창조 모델과 진화 모델을 종합한 제3의 모델을 제시한 것으로 평가할 수 있다.

3. 몰트만의 창조의 삼중적 의미

최근 작고한 몰트만(J. Moltmann) 역시 샤르뎅의 창조적 진화론과 유사하게 창조론과 진화론의 통섭을 위해 3단계 또는 3중적 창조론을 제시한다. 몰트만은 태초의 창조와 함께 창조의 과정이 시작되었는데, 이 과정은 영원한 창조 안에서 마무리될 것이므로 하나님의 창조를 세 단계로 구분하였다(위르겐 몰트만, 2012, 226).

1) 태초의 창조: "태초에 하나님이 천지를 창조하셨다"(창 1:1).
2) 새로운 것의 지속적 창조: "너는 지나간 일을 기억하려고 하지 말며, 옛 일을 생각하지 말아라. 내가 이제 새 일을 하려고 한다. 이 일이 이미 드러나 있는데, 너희가 그것을 알지 못하느냐? 내가 광야의 길을 내겠으며 사막의 강의 내겠다"(사 43:18-19).
3) 하나님의 창조의 완성: "보아라, 내가 모든 것을 새롭게 한다"(계 21:5).

몰트만은 이제까지의 기독교의 창조론은 '태초의 창조'(creatio originalis)만 강조하고, "계속적인 창조(creatio con-tinua)와 모든 것을 완성하는 새 창조(nova creatio)로 대한 이론을 망각"하였다고 비판한다.

"태초의 창조는 역사의 가능성을 갖지 못하며 진화가 필요 없는 '완성되었고 완전한 창조'로 설명되었다. 하나님의 형상으로 창조된 사람도 한때 '창조되었고 더 이상 진화하지 않은 완성된 존재'로 생각되었다"(몰트만, 1986, 233).

이러한 주장은 창조에 대한 하나님의 관계를 폐쇄적인 '인과율'로 제한하며 세계에 대한 하나님의 다른 관계와 하나님에 대한 세계의 다른 관계를 간과하게 된다는 것이다. 이 경우에 창조와 구원은 분리된다. 창조가 구원의 준비로 격하되거나 아니면 구원이 태초의 창조를 회복하는 것으로 위축된다는 주장이다. 그러므로 진화론의 열려진 자연인식의 틀에서 창조 신앙과 진화론의 관계를 새롭게 해석할 것을 제안한다.

엄밀한 의미에서 '진화'는 창조 자체와 관계없다. 그것은 창조의 '배열'과 관계하므로 두 개념은 서로 다른 차원에 속한다. 그러므로 창조와 진화 사이에는 아무런 모순이 없다.

진화는 물질과 삶의 체계들이 계속 형성되는 것을 나타낸다. 이런 의미에서 진화는 신학에서 말하는 계속적인 창조와 관계한다는 것이다.

"신학적으로 볼 때 진화론들은 창조의 질서와 그리고 태초의 창조를 뒤따르는 '계속적인 창조'에 해당한다"(몰트만, 1986, 250).

창조 세계에 대한 하나님의 유지와 보존과 변형과 성취의 형식들은 미래를 향한 시간의 개방성 가운데 있다. 여기서 미래 개방성은 "창조는 아직 완성되지 않았으며 아직 종국에 이르지 않았다"는 의미이다(몰트만, 1986, 237). 그러므로 계속적인 창조는 원 창조와 새 창조의 사이에 있다고 하였다.

무엇보다도 창조를 창세기에 국한하지 않고 성서 전체의 빛에 비추어, 특히 창조를 그리스도론적으로 재조명할 때, 태초의 창조와 함께 시작하여 창조의 역사 속에서 계속되며 모든 것의 새 창조에서 완성되는 그리스도가 지닌 창조의 중재자직을 세 단계로 설명할 수 있게 된다는 것이다(몰트만, 1986, 250).

1단계: 모든 것의 창조(creatio originalis)의 근거로서의 그리스도

2단계: 계속되는 창조(creatio continua)의 원동력으로서의 그리스도

3단계: 창조의 완성(creatio nova)의 구원자로서의 그리스도

그러므로 창조를 태초에 하나님께서 천지와 인간을 창조하신 '원래적 창조'와 그 후로부터 지금까지 하나님의 섭리하시고 주관하시는 '계속되는 창조'와 마지막 날에 이루어질 창조의 궁극적 목적으로서 새 하늘과 새 땅의 실현이라는 '새로운 창조'라는 세 단계로 설명되어야 한다고 주장한다.

현대 신학에서 '계속적인 창조'를 주장하는 이유는 종교개혁자들이 창조론과 더불어 섭리론을 주장했기 때문이다. 특히 17세기 루터교 신학에서는 하나님의 섭리를 '창조의 보존, 협동, 조정'의 의미로 이해했다. 그래서 하나님의 섭리가

바로 하나님의 계속적인 창조이며, 계속적인 창조가 바로 진화의 신학적 의미라고 수용한 것이다. 과학적 진화론에서는 빅뱅과 같은 최초의 사건과 계속되는 진화를 주장하고 우주의 계속되는 팽창을 가설로 제시하지만 진화의 궁극적인 목표는 설정하지 못한다. 목적 없는 진화론은 생명의 궁극적 목적에 기초한 생명의 가치를 제시하지 못하는 결정적인 약점이 있는 것이다. 따라서 몰트만은 성서의 창조신학은 폐쇄적인 것이 아니라 미래를 향해 열려 있는 개방 체계로 봄으로써 원 창조 이후 계속되는 창조는 창조의 마지막 목표인 새 하늘과 새 땅의 창조의 완성을 지향하고 있으므로 진화론의 비판을 비켜 가고 진화론의 약점을 보완하는 것으로 보았다.

4. 창조 기사의 역사적 배경과 창조의 신앙적 의미

1) 창세기의 창조 기사의 역사적 배경

창세기 본문을 이해하려면 본문이 언제, 어떤 시대적, 종교적 배경에 기록되어 전승되었는지 그리고 그 본문은 당시의 독자들에게는 무엇을 의미한 것인지를 알아야 하는데, 역사학자나 성서학자들의 도움 없이는 이해하기가 어려운 것이 사실이다. 따로 신학을 깊이 공부하지 않으면 이러한 설명을 들어 볼 수도 없고, 이러한 설명이 아주 생소할 것이다.

　창세기의 첫 부분은 언제 쓰였을까? 여러 내재적 정황으로 보아 바벨론 포로기를 반영한다는 것이 대부분 학자들의 주장이다. 창세기의 첫 번째 창조 기사(1:1-2:4a)는 바벨론 포로로 잡혀간 사제 집단들이 그곳에서 바벨론의 창조 신화를 접하였고 포로에서 돌아와 서기전 6~5세기경에 제사장 문서(P문서)로 최종 기록하여 오늘 우리에게 전해진 것이다(베스트만, 15-17).

　이스라엘 백성들이 바벨론 포로로 잡혀갔을 때 바벨론 신전에서 낭송되는 바벨론의 창조 신화를 접하게 되었다. 1862년 조지 스미스에 의해 해독된 이 신화에는 무수한 신이 등장한다. 신들의 아버지 압수(단물)와 신들의 어머니 티아맛(짠물)이 여러 신을 낳았는데, 신의 아들들이 말썽을 벌이자, 압수가 그들을 죽이려고 한다. 신들의 어머니 티아맛은 손자 아누에게 압수의 계획을 알리고 아누의 형제자매들과 공모하여 압수를 살해했다. 또 다른 손자 마르둑이 아누

일당을 죽이자, 티아맛은 킨구를 시켜 마르둑에게 대항하게 하였다. 마르둑은 티아맛을 죽여 그 몸을 이등분하여 각각 하늘과 땅으로 만들었다. 티아맛의 두 눈은 티그리스강과 유프라테스강의 원천이 되었으며, 꼬리는 은하수가 되었다. 마르둑은 그 공로를 인정받아 신들의 왕이 되었다. 그리고 마르둑은 킨구를 죽이고 그의 피와 흙을 섞어 하급 신의 노동을 대신할 인간을 만들었다는 것이다.

신들의 가족이 서로 죽이고 죽는 이런 황당무계한 바벨론제국의 지배 이데올로기로 조작된 다신론적 신화를 전해 들은 P문서 기자는 여러 창조 시편에 근거하여 하나님은 오직 한 분뿐이며, 하나님께서 말씀으로 천지와 인간을 창조했다고 고백한 것이다. 따라서 창세기에 직관적으로 고백된 창조 신앙은 바벨론 포로기의 역사적, 종교적 배경에서 조명되어야 바른 해석이 가능한 것이다. 루터와 칼빈조차도 바벨론 신화를 알지 못하였기 때문에 창조 기사가 당시의 독자들에게 무엇을 의미했는지를 제대로 설명하지 못한 것이 사실이다.

2) 혼돈으로부터 창조

창세기는 "태초에 하나님이 천지를 창조하시니라 땅이 혼돈하고 공허하며 흑암이 깊음 위에 있고 하나님의 신은 수면에 운행하시니라"(1:1-2)로 시작한다. 구약학자들은 본문에 대한 주석을 통해 창조 이전의 '혼돈과 공허와 흑암'의 상태와 창조 이후의 '질서와 충만과 광명'의 상태가 대조를 이룬다는 사실을 밝혀냈다(허호익, 2014, 113).

창조 이전의 상태	창조 이후의 상태
혼돈	질서: 보시기에 심히 좋았더라(1:31)
공허	충만: 생육, 번성, 땅에 충만하라(1:28)
깊은 흑암	광명: 빛이 있으라(1:3)

구약성서학자들은 창세기의 경우 창조 이전의 상태를 혼돈과 공허와 흑암이라고 하였다. '혼돈으로부터 창조'를 정확히 이해하려면, 예루살렘 멸망 전후에 활동한 예레미야가 그들의 처지를 "내가 땅을 본즉 혼돈하고 공허하며 하늘들을 우러른즉 거기 빛이 없으며"(렘 4:23)라고 탄식한 배경에서 이해해야 한다. 이처럼 창조 이전의 상태를 나타내는 상황이

포로기의 상황과 일치하는 것이 확실하다. 포로기 후기 예언자 제2이사야는 창조의 의미를 '기쁨의 도성과 행복한 백성'을 새롭게 창조하는 것이라고 명시한다. 이는 더욱 구체적으로 '파괴된 예루살렘과 포로된 이스라엘 백성의 회복'을 의미하였다.

> 내가 새 하늘과 새 땅을 창조할 것이니, … 내가 예루살렘을 기쁨이 가득 찬 도성으로 창조하고, 그 주민을 행복을 누리는 백성으로 창조하겠다(사 65:17-18, 표준새번역).

포로기 이스라엘 백성들이 처한 삶이 비록 '혼돈과 공허와 흑암' 자체이지만, 창조주 하나님께서 포로민들에게도 '새로운 질서와 충만과 광명'을 주실 것이며, 이스라엘 백성에게 포로에서 해방되어 "예루살렘은 나의 기쁨이 되고, 거기에 사는 백성은 나의 즐거움이 될 것이니, 그 안에서 다시는 울부짖는 소리가 들리지 않을 것이다"(사 65:19)라는 희망을 창조 신앙으로 직관적으로 고백한 것이 창세기 1장의 내용이다.

한편으로 성서와 달리 동시대의 많은 다신론적 창조 신

화는 대부분 '유로부터의 창조'를 말하고 있을 뿐 창조 이전의 상태에 대한 언급은 없다. 바벨론의 창조 신화에는 마르둑 신이 티아맛 신의 시체를 마른 물고기 쪼개듯 쪼개어 하늘과 땅을 만들었다고 한다. 그러나 창세기에는 인간 이외는 어떤 피조물도 어떤 물질로부터 창조되었다고 하지 않는다. 단지 창조 이전의 상태만 말하고 있다.

　서울신대 박영식 교수의『창조의 신학』에 대한 또 다른 비판과 논란 중 하나는 박 교수가 '무로부터 창조'라는 정통 교리를 부정하고 '혼돈으로부터 창조'를 주장했다는 것이다. '무로부터의 창조'(creatio ex nihilo)는 외경 마카베오 2서의 "하늘과 땅을 바라보아라. 그리고 그 안에 있는 모든 것을 살펴라. 하느님께서 무엇인가를 가지고 이 모든 것을 만들었다고 생각하지 말아라"(7:28)는 말씀에 근거하여 후대의 가톨릭교회가 후대에 교리화한 것이다. 창세기의 혼돈으로부터 창조는 '창조 이전의 상태'를 말하는 것이고, 마카베오서의 무로부터 창조는 '창조 이전의 물질'에 관하여 말하는 것이다. 따라서 두 개념은 상호모순 되거나 대립되는 것이 아니다. 정경(正經)인 창세기에 분명히 기록된 '혼돈으로부터 창조'는 구약학에서는 상식에 속하는 것이다. '혼돈으로부터 창조'

를 문제 삼는 것이야말로 신학적 무지와 횡포이다.

3) 생육하고 번성하라

위에서 언급한 역사적 배경에 비추어 보면 하나님께서 남자와 여자를 창조하신 후 축복하신 "생육하고 번성하라"(창 1:28)는 말씀의 의미가 더욱 분명히 드러난다.

생육하라: 더 이상 약소민족이 되지 않을 것이다.
번성하라: 더 이상 패망하지 않을 것이다.
온 땅에 퍼지라: 더 이상 유폐된 거류민이 되지 않을 것이다.
정복하라: 더 이상 억압당하지 않을 것이다.
다스려라: 더 이상 착취당하지 않을 것이다.
(브리지만, 18).

월트 브루지만은 창조 이야기는 약소 민족 이스라엘 백성들이 바벨론제국의 식민지 포로민으로 겪게 되는 여러 가지 생명의 위협을 반영한다고 하였다.

창세기 첫 부분은 바벨론에 포로로 잡혀가 정착촌을 벗

어날 수 없는 거류민의 신세가 되었으며, 강대국의 정치적 억압과 경제적 착취와 민족적 차별을 당하고 있었던 이스라엘 백성에게 주어진 말씀이라는 것을 이해해야 한다. 창세기는 암울한 역사를 겪으며 생명의 위협을 당하고 있는 이스라엘의 포로민들에게 그들의 조상의 하나님, 출애굽의 해방자 하나님이 새 역사를 창조하시는 창조의 하나님이라는 신앙을 함축하고 있다. 또한 이스라엘 민족이 바벨론 포로민의 피지배자의 처지에서 벗어나 생육하고 번성하고 억압과 착취에 벗어날 수 있다는 희망을 직관적으로 표현한 것이라고 할 수 있다. 이는 또한 포로기 후기 제3이사야를 통해 하나님께서 "예루살렘을 기쁨이 가득한 도성으로 창조하고, 그 주민을 행복을 누리는 백성으로 창조"(사 65:18, 표준새번역) 하겠다고 하신 말씀과 상응한다.

4) 7일간의 창조

창세기 1장 3-31절에 기록된 7일간의 하나님의 창조 과정을 보면 다음과 같다.

첫째 날: 빛과 어두움   ↔   **넷째 날**: 천체(해, 달, 별)

둘째 날: 창공과 물   ↔   **다섯째 날**: 조류와 어류

셋째 날: 땅과 식물   ↔   **여섯째 날**: 육상 동물과 인간

                                                (남녀)

일곱째 날: 생명의 안식

왜 7일간의 창조 과정으로 설명했을까? 이 역시 창세기 기록 당시의 역사적 배경을 모르고서는 제대로 이해할 수 없다. 이스라엘 백성들이 바벨론 포로로 잡혀갔을 때 그곳에는 태양·달·화성·수성·목성·금성·토성과 같은 천체를 신으로 숭배하는 일상화된 신화를 접하게 되었다. 고대 근동에서 처음으로 달이 7일을 주기로 보름-상현-하현-그믐 순으로 반복하는 것을 관찰하고 달력을 만들면서 일곱 천체의 이름을 붙여 요일 이름으로 삼았다. 그리고 이 일곱 천체는 각 요일을 주관하는 신으로 숭배되었다. 이러한 전통은 바벨론과 로마 시대를 거쳐 오늘에 이르고 있다.

토(土)=Saturn, 대기신(엔릴)

일(日)=Sol, 태양신 우투(샤마쉬)

월(月)=Lina, 달신(난나, 씬)

화(火)=Mars, 에라

수(水)=Mercury, 지하수신(엔키, 에아)

목(木)=Jupiter, 마르둑

금(金)=Venus, 금성(인인나, 이쉬타르)

(조철수, 2000, 57).

경건한 유대인들은 요일을 주관하는 일곱 주신(主神)을 경배하고 두려워하는 바벨론의 일상화된 신화를 받아들일 수 없었다.

일곱 천체는 다만 유일신 창조주 하나님의 피조물이며 신으로 숭상할 수 없다고 보았다. 그래서 창세기는 해와 달과 별을 모두 창조주 하나님의 피조물이라고 선언한다. 따라서 6일간의 창조 과정을 설명하면서 월요일, 화요일이 아니라 '첫째 날', '둘째 날' 식으로 고쳐 부르고 순서를 바꾸어 일요일을 일곱째 날로 삼고 하나님의 안식일로 고쳐 부른 것이다. 바벨론의 신화적인 세계관을 전면 거부한 혁명적 대안을 계승하여 지금도 유대인들은 첫째 날, 둘째 날로 부른다.

바벨론 사람들은 해와 달과 별을 신으로 숭배했을 뿐 아니라 그들이 인간을 해치기도 하고 생사화복의 운명도 주관한다고 믿어 왔다. 셈족들에게 해, 달, 별은 수메르 시대부터 대제국의 주신(主神)들이었다. 태양은 신이었고, 별들이 인간의 생사화복의 운명을 지배한다고 여겼다. 그러나 성서는 해, 달, 별이 더 이상 신성을 지닌 신적 존재가 아니며, 인간의 운명의 주관자가 될 수 없음을 선언한다(일월성신 숭배에 대한 비판은 신명기 41:9; 예레미야 10:2; 욥기 3:26-17을 참고할 것). 그러나 성서는 창조주 하나님께서 지키기 때문에 해도 달도 우리를 해칠 수 없다고 선언한다.

주님은 너를 지키시는 분 주님은 너의 그늘 네 오른쪽에 계시다. 낮에는 해도, 밤에는 달도 너를 해치지 않으리라(시 121:5-6, 가톨릭성경).

그리고 해와 달과 별은 사람들의 운명을 지배하거나 숭배를 받기 위한 존재가 아니라 "그분께서 시간을 정하도록 달을 만드시고 제가 질 곳을 아는 해를 만드셨다"(시 104:19)라고 했다. 창세기는 피조물에 불과한 해와 달과 별을 더 이상 숭배하거나 두려워할 필요가 없다고 한 것이다. 이러한 창조 신앙의 의미를 하비 콕스는 '자연의 비신성화와 비마성화'라고 한다. 이처럼 창세기는 창조의 과학적 사실 여부와는 상관없이 포로민의 처지에서 창조 신앙의 의미를 새롭게 고백한 것이다.

5) 하나님의 생기로 창조한 인간

"흙으로 사람을 지으시고 생기를 그 코에 불어넣으시니 사람이 생령이 된지라"(창 2:7)는 인간 창조 이야기 역시 이를 기록한 역사적 배경에서 이해해야 한다. 이스라엘 백성이 포로로 잡혀간 바벨론에서 알게 된 『에누마 엘리쉬』라는 신화에도 이와 비슷한 내용이 나오기 때문이다. 『에누마 엘리쉬』의 여섯째 서판에는 노동에 종사하는 하급 신들이 반역을 일으키자 킨구(Kingu)의 피로 인간을 창조하여 그 노동을 대신하게 한 것을 묘사하고 있다(엄원식, 2000, 203-204). 마르둑은 에아에게 "사람을 만들어 신들의 노역을 감당시키고 그들을 쉬게 합시다" 하고 상의한 후, 티아맛의 아들 킨구가 전쟁을 선동한 반역자라 하여 그의 피로 사람을 만들었다고 한다.

"싸움을 시작한 이는 킨구입니다.

티아맛을 선동하고 전쟁을 일으킨 이입니다."

그들은 그를 묶어 에아에게 데려왔다.

그에게 처벌을 내려, 그의 피를 흘렸다.

그의 피로 사람을 만들었다.

신들의 노역을 감당시키고, 신들을 쉬게 했다.

(안성림·조철수, 133).

　　1862년에 영국의 조지 스미스가 번역한 『에누마 엘리쉬』의 충격적인 내용이 알려지자, 창세기의 창조 이야기는 바벨론 신화를 모방한 것이라는 주장과 함께 '바벨(Babel)-바이블(Bible) 논쟁'이 일어났다.

　　그러나 『에누마 엘리쉬』와 창세기를 자세히 비교해 보면, 둘 사이의 형식적 유사성이 있지만 본질적 내용은 전혀 다르다는 사실을 알 수 있다. 바벨론 신화에는 상급 신들은 노동을 하지 않는 반면에 자신들만 노동을 담당하는 것에 불만을 품어온 하급 신들이 소란을 일으키자, 반역자 킨구의 피와 흙으로 인간을 창조하여 하급 신들의 노동을 대신하게 한 것으로 묘사하고 있다. 그러나 유대인들은 포로민들의 강제노동을 합리화하기 위해 지배 이데올로기로 각색된 바벨론 신화를 수용할 수 없었다. 그래서 창세기는 인간은 하급신들의 강제 노역을 대신하기 위하여 반역자의 피로 창조된 것이 아니라 하나님의 생기로 창조되어 강제노동에서 벗어나 하나님의 안식에 참여하고 누리며 살아가는 존재로 창조되었다는 것을 직관적으로 고백한 것이다.

바벨론 포로기에 활동한 이사야는 바벨론의 폭군이 꼬꾸라지고 하나님께서 이스라엘 백성들을 "강제노동에서 벗어나서 안식하게 하실 때 너희는 바벨론 왕을 조롱하는 이런 노래를 부를 것이다"(사 14:3-4, 표준새번역)라고 하였다. 이를 반영하여 창세기에는 일곱째 날에 "하나님이 그 창조하시며 만드시던 모든 일을 마치시고 그 날에 안식하셨다"(창 2:2)고 한다. 고대 사회에 노예에게는 휴일이 없었다. 성서는 처음으로 일주일의 하루는 무조건 쉬게 하는 노동 금지일을 정했다. 이 안식일 정신에서 안식년과 희년 사상이 나오게 되었다.

5. 끝으로

무엇보다도 성서는 창조를 과거에 일회적으로 일어난 사건으로 다루지 않는다. 하나님의 창조 사역은 태초에 일어났을 뿐만 아니라 오늘도 계속되고 있는 하나님의 행동이라고 할 수 있다.

주님은, 들짐승들이 뜯을 풀이 자라게 하시고, 사람들이 밭갈이로 채소를 얻게 하시고, 땅에서 먹을거리를 얻게 하셨습니다. … 주께서 주의 영을 불어넣으시면, 그들이 다시 창조됩니다. 주께서는 땅의 모습을 다시 새롭게 하십니다(시 104:14-30, 표준새번역).

이처럼 현대신학자들이 주장하는 '창조의 삼중적 의미'는 진화론뿐 아니라 창조론과 종말론까지도 창조론적 관점에서 통합한 것이므로 '유신진화론'이라기보다 새로운 '창조의 신학'이라고 해야 한다.

창조과학자들의 주장처럼 창세기는 우주와 생명의 기원에 관한 역사적·과학적 사실을 설명한 것이 아니다. 창세기가 바벨론 포로민이었던 당시의 독자에게 전하려고 했던 메시지는 창조주 하나님이 천지와 인간을 창조하였으므로, 바벨론 신화처럼 어떤 자연현상이나 인간을 신으로 숭배하거나 두려워하지 말라는 신앙이었다. 그리고 창조주 하나님께서 포로 생활과 같은 생명을 위협하는 혼돈과 공허와 암흑에 벗어나도록 "예루살렘을 기쁨이 가득한 도성으로 창조하고, 그 주민을 행복을 누리는 백성으로 창조"(사 65:18)하신 분이며, 인간은 강제 노동을 위해 반역자의 피로 창조한 것이 아니라 하나님의 생기로 하나님의 안식에 참여하도록 창조되었으니, "다시는 노예처럼 강제노동을 당하지도 말고 다른 사람을 강제노동에 동원하지 말라"는 믿음을 전승한 것이다. 그래서 폰 라드는 "창세기는 신앙고백이라는 것을 인정해야 한다"라고 한 것이다.

이런 점에서 롤랑 바르트가 『현대의 신화』에서 제시한 관점에서 보면 창세기는 조작된 신화 속에 숨겨져 있는 바벨론제국 종교의 지배 이데올로기를 파악하고 이를 탈신화화한 사례라 할 수 있다.

참고문헌

신재식 (2013). 예수와 다윈의 동행. 서울: 사이언스북.

안성림 · 조철수 (1995). 사람이 없었다 신도 없었다. 서울: 서운관.

엄원식 (2000). 히브리 성서와 고대 근동문학의 비교연구. 서울: 한들.

월트 브리지만 (1979). 구약성서의 중심사상. 서울: 대한기독교출판사.

위르겐 몰트만 (2012). 희망의 윤리. 곽혜원 옮김. 서울: 대한기독교서회.

위르겐 몰트만 (1986). 창조 안에 계신 하나님. 김균진 옮김. 서울: 한국신
　　　학연구소.

조철수 (2000). 메소포타미아와 히브리 신화. 서울: 길.

천사무엘 (2004). "창조 과학과 성서 해석." 대학과 선교 제7집, 120.

클라우드 베스트만 (1991). 창세기. 왜관: 분도출판사.

허호익 (2014). 야웨 하나님. 서울: 동연.

허호익 (2010). 신앙, 성서, 교회를 위한 기독교신학. 서울: 동연.

Pierre Teilhard de Chardin (1980). *The Phenomenon of Man*. Harper
　　　Perennial Modern Classics.

글 쓴 이 알 림

김은규

연세대 신학과 학사·석사·박사(구약학). 성공회대학교 교수, 한국기독자
교수협의회 총무, 회장 역임. 영문 신학 저널 *Madang Journal of Contextual
Theology in East Asia* 편집 책임. 한국종교교육학회 이사. 한국종교학회
회원. 한국구약학회 회원. 한국문화신학회 회원. 성공회 봉천동나눔의집
협동 사제.

저서로는『종교권력으로 보는 구약신학』,『하느님 새로보기』(2009 문광
부 우수교양도서),『구약성서의 희년』등이 있고, 공저로는『제국의 신』,
『초월과 보편의 경계에서』,『다시, 민중신학이다』가 있다. 번역서로는
『성서비평 방법론과 그 적용』,『구약 입문』등이 있다.

박영식

서울신학대학교 신학과(B.A.)와 연세대학교 대학원(Th.M.)에서 공부
하고 독일 빌레펠트 베텔신학대학교(현 부퍼탈신학대학교)에서 조직신
학 전공으로 신학박사(Dr.Theol.) 학위를 받았다. 기독교대한성결교회
에서 목사로 경산좋은교회에서 담임했으며, 부평소망교회에서 협동목사
로 섬기고 있다. 서울신학대학교 교양교육원에서 부교수로 재직하였다.
한국조직신학회에서 편집위원장으로 활동하고 있다.

단독 저서로는 *Konvivenz der Religionen*,『고난과 하나님의 전능』,『그
날, 하나님은 어디 계셨는가』,『창조의 신학』이 있고, 공저로는『하느님,

당신은 누구십니까』,『소수자의 신학』,『사중복음 교의학』 등이 있다. 번역서로는 판넨베르크의『신앙과 현실』이 있고, 한스 큉의『유대교』와『몰트만 자서전』을 공역했다.

이상목

연세대학교 신학과 졸업 후 하버드대학교와 예일대학교에서 각각 목회학석사(M.Div.)와 신학석사(S.T.M.) 학위를 받았다. 목회 현장에서 사역하다 귀국하여 연세대학교에서 신약학 전공으로 박사학위(Ph.D.)를 취득하였다. 현재 평택대학교 피어선 신학전문대학원 부교수로 재직 중이며, 등재 학술지「신약논단」과「신학논단」의 편집위원, 예술목회연구원 전문연구위원이다. 한국신약학회 총무를 역임하였다.

저서로는『요한계시록』,『평화의 신학』(공저), 역서로는『예수, 바울, 복음』,『피어선 설교 선집』(공역) 등이 있다.

천사무엘

연세대학교(신학사/신학석사)와 장로회신학대학교(M.Div.)에서 공부하고, 미국에 유학하여 예일대학교(S.T.M.)와 Graduate Theological Union (Ph.D.)에서 구약학을 전공하였으며 미국장로교회(PCUSA)에서 목사 안수를 받았다. 현재 한남대학교 기독교학과 교수이며, 교목실장, 학제신학대학원장, 인돈학술원장, 대학교회 담임목사 등을 역임하였다. 통합구약학회장, 한국기독교대학교목회 및 대학선교학회 회장 등으로도 활동했다.

저서로는 *The Exodus Story in the Wisdom of Solomon*, 『구약 외경의 이해』, 『지혜전승과 지혜문학』(2010 문광부 우수학술도서), 『창세기 주석』, 『출애굽기 주석』, 『신구약 중간시대의 성서해석』, 『사해사본과 쿰란공동체』, 『성경과 과학의 대화』 등이 있다.

허호익

연세대학교에서 신학으로 학사, 석사, 박사학위를 받았다. 그리스도신학대학교(현 강서대학교)와 대전신학대학교에서 교수로 재직하였고, 한국기독교학회 총무, 한국문화신학회 부회장, 한국조직신학회 회장을 역임하였다.

저서로 『한국문화와 천지인 조화론』, 『천지인신학』, 『한국의 이단기독교』(2017 세종도서 학술도서), 『통일을 위한 기독교 신학』, 『길선주목사의 목회와 신학사상』, 『단군신화와 기독교』 같은 한국 문화와 한국 신학에 관한 저서와 『야웨 하나님』, 『예수 그리스도 1, 2』, 『신앙, 성서, 교회를 위한 기독교 신학』(2010 문광부 우수학술도서)과 같은 성서적 조직신학과 『동성애는 죄인가』, 『안티 기독교 뒤집기』와 같은 책을 저술하였다. 아울러 신학 전문 사이트인 한국신학마당(www.theologia.kr)을 운영하고 있다.